Basketball Coaching Book

打造一流个人技术

图解篮球个人技术基础训练**180**项

[日]日高哲朗 主编　陈希 译

人民邮电出版社
北京

一个人技术的完善
会提高队伍的整体实力

要想成为一流球员，就必须打好基础

篮球是5人对5人互相争夺篮球并投篮得分的团队运动。在其中，进攻的目的是与其他队员合作获得投篮机会并投篮得分，防守的目的则是互相合作不让对手得分。这样的团队运动需要极高的团队整体水平，但高超的个人技术也是团队力量中不可缺少的。

在一场篮球比赛的40分钟时间里场上始终只有10位球员，平均每一位球员接触球的时间不过4分钟。也许很多人认为篮球就是用手控制球，所以只是单纯的手的运动。但实际上，"移动""静止""跳跃"等一系列的"脚的运动"也是极其重要的技术。另外，本书第20页开始将会介绍作为"手的运动"和"脚的运动"支柱的"基本姿

势"。在什么场合下必须保持怎样的基本姿势，让自己的身体记住基本姿势，这些都是必须要掌握的。只有踏实刻苦地不断练习才能够掌握这些基础，掌握这些基础也是成为一名一流篮球球员的开始。

投篮是最关键的技术

篮球比赛中，向10英尺（3.05m）高的篮筐内投球得分比对方多即为取胜。因此在所有技术中"投篮"是最关键的。像"抢球""传球""假动作"这样的技术，甚至是团队配合战术，都只是为了投中篮筐得分的手段而已。因此，投篮命中率才是关键。

另外，在原来的篮球比赛中，球员往往会把球传给离篮筐近的个子高的队

友，由他们投篮，但是现在的篮球比赛却并非如此。个子高的球员需要掌握投三分球的技术，因此就要求不是很高大的球员站在篮筐下进行投球。

教练应该站在球员的角度思考

训练中有很多思考与练习的方法，无法说明哪一种就是正确的。话虽如此，但对于教练来说，有一条为大家所广泛认同的重要法则：站在球员的角度思考。也就是要更加理解球员的心情。特别是在比赛形式的练习中，把判断权交给球员。比如说球员使用了花哨但命中率低下的投篮方法的话，比起劝诫应该先表扬其敢于尝试的精神。这样一来，球员就产生了靠自己的力量取得成功的欲望和动力。在练习过程中，必须要帮助球员发挥长处、克服短处，但非要说二者哪一个更重要一些的话，我会选择前者。如果做得很好的话就表扬，如果做得不好的话就鼓励，这种指导的态度我认为是最好的。

另一方面，对于球员来说，重要的是要多模仿优秀球员。看到优秀球员打球，要把他的技术"偷"过来，时间长了就可以进步。本书介绍了一流球员打球时部分动作及其照片，希望可以作为大家参考的对象。

不过比起这些，享受打篮球的过程最重要。按照自己的方式努力锻炼，享受的同时一起磨练自己的技术吧！

日高哲朗

图解篮球个人技术

基础训练 **180** 项

目　录

第三章　背打　　105

第四章　运球　　129

第六章　篮板球　181

第八章　协调性　　　　　　　　　　　　　　　　　　　　　　　　221

首先，要理解技术的含义和价值

1　练习的目的

◎如果个人技术不过关就无法发挥团队战术

我们认为篮球很有意思是因为篮球是竞争的运动，是互相之间争夺胜负的战争。练习就是为了确保自己可以赢对方，换句话说，就是面向胜利，迈向更好而努力的一条路。而这条路就是战术。

"战术"就是通过一个队伍整体的战略，让每一位球员都承担一部分作用，把全队的动作规范化，以打败对方的行动计划。具体也可以说是让本队球员成功投篮的进攻组合。

能否成功实行战术依靠的是队员的能力，各球员技术的掌握情况左右着战术能否成功实行。同时，面对无时无刻不在变化的比赛现场，每一位球员必须用极短的时间对局面进行恰当的判断。对场上情况的判断能力和技术是一体的，队员只有掌握这些，战术的威力才能发挥出来。技术的提高没有捷径，让我们每天都努力、充实地去练习吧。

2　练习的策略

◎练习要分三个步骤考虑

本书为主要介绍提高篮球技术水平的练习册。为了提高篮球技术，需进行如图1所示的三个步骤（如果还可以再加一个的话，步骤④：训练和力量强化法）。最近常被提及的"封闭技能（Closed Skill）"和"开放技能（Open Skill）"。前者对应的是步骤②，后者对应的是步骤③。

教练对步骤①中的每一项动作的要领、含义非常清楚，但是队员并不了解。通过步骤1的训练，教练可以让队员知道每一个动作的意义和价值，加深对每一个动作机制的理解，以及为什么需要学习这项动作。

图1　学习技巧的3个过程

步骤1　知道这个动作的名称是什么（知名）＝知道这个动作在什么情况下使用，目的是什么，身体具体应该怎么做。

步骤2　学会这个动作（习得）＝先设定一种状况，在没有防守的情况下做到零失误的投篮、传球、运球的练习。也就是"封闭技能（Closed Skill）"的训练。

步骤3　某个状况发生以后，可以自然地把对应的动作和技巧发挥出来（习惯化、自动化）＝在包含队友和防守等多种因素的实战情况下，在对发生的状况正确判断的基础上把步骤2学会的技巧发挥出来。也就是开放技能（Open Skill）的训练。

关于步骤②，只要重复训练就可以学会，这些动作只有亲身练习才有意义。篮球比赛中，所有的动作技巧要随场上的情况的变化来判断使用。步骤②更加注重身体的控制和运动。

步骤③就开始重视对场上情况的判断，并根据判断选择合适的动作和战术。最终希望达到"不用思考，根据情况身体能自然地做出正确的移动"的理想状态。当然，这需要多次实战经历。

3　练习的组合

◎必须要进行5对5的全场比赛练习

日常训练的组合方式有很多种形式，没有绝对的答案，一般来说可以根据图2内容来考虑。但是如果长时间进行同一项练习，球员容易感到厌烦，也无法集中注意力。因此每一项练习要控制在7分钟左右，最长也要控制在12分钟左右。

安排练习内容的时候应注意两点。

首先，必须要进行5对5的全场比赛。比赛应该是球员最喜欢的环节，而且一场比赛可以让球员潜移默化地学到很多非常有价值的东西。

其次，每天训练的最后一项，建议进行对进攻有利的"3对2"或"2对1"的比赛。理由就是在这样的数量不对等的比赛中，投篮命中率高，而且容易传出漂亮的传球，谁都可以当英雄。所以这一天的练习就可以在心情愉悦的状态中结束，球员们对下一次的训练便会非常期待。

本书为了方便篮球爱好者利用自由时间进行自主训练，对每一个动作都详细地做了说明，介绍了很多训练方法。初学者可以逐页学习篮球的基本技术，中级及以上的读者可以根据自己的实际情况和目标有选择地进行学习。

另外，如果训练时间比较短的话，我建

图2　一般的一次完整的训练内容

① **热身**
跑步、拉伸等。

② **技术方面的练习**
有利于个人技术提高的训练，或者团队组成阵型进行训练。

③ **爆发力训练**
脚法、弹跳力的练习，或者1对1练习爆发力。

④ **持久力的练习**
在全场做两人交叉传球训练以增强包括跑步能力的持久力。

⑤ **比赛**
5对5的比赛。

⑥ **数量不对等的比赛**
对进攻有利的3对2或者2对1比赛，使球员有成就感。

⑦ **放松**
慢跑、拉伸等。

议还是要优先提高投篮水平。在练习的过程中把"手的运动"和"脚的运动"等一系列基本动作技巧穿插进来，反复练习这些基础动作。而且在个人能力提高的基础上，学会和对手的周旋也是非常重要的，所以1对1的比赛也必不可少。牢记这一点，根据自己的实际情况合理安排训练内容。

阅读本书之前请阅读本章。本书的各个章节基本是由"基础知识""技术解说""练习列表"三部分组成。为了真正掌握这些动作，首先需要耐心正确地做出每一个动作。在正确地做出动作的基础上，再通过想象自己正身在比赛中，把动作快速完成。

基础知识

介绍本章涉及动作的要领、练习时应该注意的要点。若能理解每一个动作的要领和价值，并了解其机制的话，练习效果会更好。因此，在实际练习之前需要阅读本部分加深理解。

技术解说

对本章需要掌握的动作进行详细的解说。除详细的解说文之外，每一个动作都会有动作分解照片，参考这些照片就可以知道在这个动作中身体每一个部位该如何做。

要　点

在掌握该动作的过程中，需要注意的要点。

解释该项练习的目的。

重要程度

动作的重要程度被分为5星（5级），星越多表示重要程度越高。在练习时间不多的时候，要优先练习重要程度高的动作。

难易水平

练习的难易程度被分为5星（5级），星越多表示难度越大。初学者应该从难度较低的练习开始，慢慢地向高级过渡。

场 地

开展训练的最好的地点。球场各部分的专有名词在16页专门列出。

给球员的建议·变式组合·注意

- 给球员的建议：练习该动作时需要注意的其他一些方面。球员需要认真研究，对于教练来说也是值得参考的。
- 变式组合：从该动作演变出来的其他变化形式组合。
- 注意：注意要避免的事情。

基础动作
投篮
背打
运球
传球
篮板球
1对1
协调性

跳投

练习
032

对墙投球

重要度 ★
难度水平 ★★
场地 有墙壁的地方

目的 通过面向墙壁单手投球训练，可以锻炼投球时将球笔直地向目标投去。

距离墙壁约3米距离，正对墙壁站立。

练习步骤

① 持球面向墙壁站立，和墙壁距离约3米。墙壁上在球员眼睛高度的位置上用胶带等方式做一个标记。

② 面向墙壁（标记），单手投球。

旋转篮球，使其看起来像在手掌内晾开始旋转一样，投出篮球，篮球最后离开的是手指。

手臂伸直推出篮球，篮球最后离开的是手指而非手掌。

变式组合

在投出球以后，可以确认一下投球的前臂是否在自己和标记的目标连成的直线上。同时，要仔细确认该墙壁是否适合投掷篮球之后再开始练习。

教练笔记 和"面对面投球（67页）"一样，要时刻注意保持正确的投球姿势。篮球后部整体包裹在持球手的手掌、手指内，另一只手再侧面支撑着篮球。然后向前推球，手肘完全伸展开，使用腕力，旋转篮球，使其看起来像在手掌内就开始旋转一样，投出篮球，篮球最后离开的是手指。可以和魔术手法做对比练习。

068

简易索引

每一页都设有索引，可以利用它来搜索想要学习的动作。

教练笔记

总结训练过程中的重点和要注意的点。

照片、解说图&顺序

练习的具体方法会用照片、解说图进行直观的介绍。

术语解说

场地专有名词

在篮球比赛中，场地内各个区域的专有名词如下表所示。每页右上角都会标有"场地"，其具体说明可查阅本页。

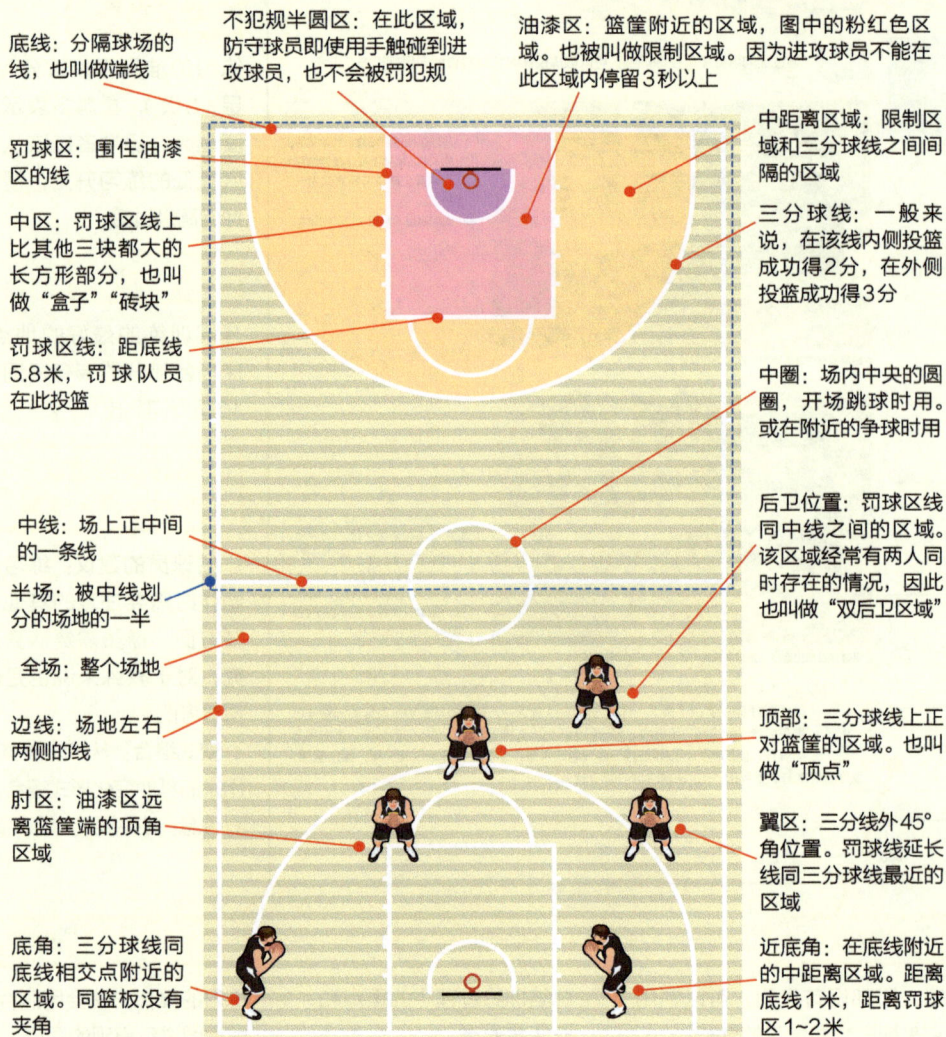

底线：分隔球场的线，也叫做端线

不犯规半圆区：在此区域，防守球员即使用手触碰到进攻球员，也不会被罚犯规

油漆区：篮筐附近的区域，图中的粉红色区域。也被叫做限制区域。因为进攻球员不能在此区域内停留3秒以上

罚球区：围住油漆区的线

中区：罚球区线上比其他三块都大的长方形部分，也叫做"盒子""砖块"

罚球区线：距底线5.8米，罚球队员在此投篮

中距离区域：限制区域和三分球线之间间隔的区域

三分球线：一般来说，在该线内侧投篮成功得2分，在外侧投篮成功得3分

中圈：场内中央的圆圈，开场跳球时用。或在附近的争球时用

中线：场上正中间的一条线

半场：被中线划分的场地的一半

全场：整个场地

边线：场地左右两侧的线

肘区：油漆区远离篮筐端的顶角区域

底角：三分球线同底线相交点附近的区域。同篮板没有夹角

后卫位置：罚球区线同中线之间的区域。该区域经常有两人同时存在的情况，因此也叫做"双后卫区域"

顶部：三分球线上正对篮筐的区域。也叫做"顶点"

翼区：三分线外45°角位置。罚球线延长线同三分球线最近的区域

近底角：在底线附近的中距离区域。距离底线1米，距罚球区1~2米

第一章
基本动作

　　基本动作就是"投篮""运球""传球"等一系列可称作所有技术基础的姿势或足下运动。

　　为了即使在比赛的后半场比较疲劳时仍可以发挥本来的实力，就要对这些动作反复练习并熟练掌握。

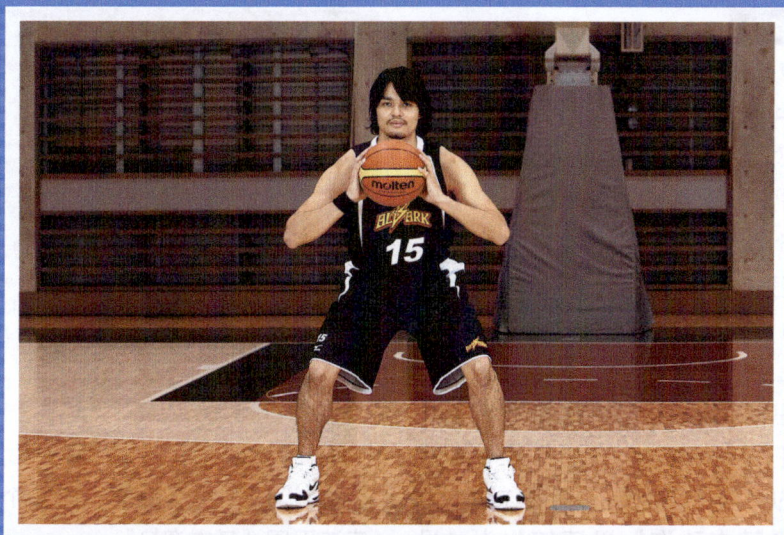

基本动作的基础知识

1 如何认识基本动作

◎ 在疲劳状态也能保持标准动作

本章所涉及的基本动作是包括投篮、运球、传球等在比赛中经常运用到的主要技巧的基础。这些基本动作不扎实掌握的话，就难以提高自己的篮球水平。

本章把这些基本动作分为"姿势""手部动作"和"步法"三个部分，并分别配有技术解说和练习列表。

这些基本动作并不难，例如在"基本动作"（20页）中提到的用心练习却无法完成这些基本动作的队员是不存在的。然而，在一场比赛中，进入到了后半场，很容易体力透支，注意力不集中，疲于应付，这就使

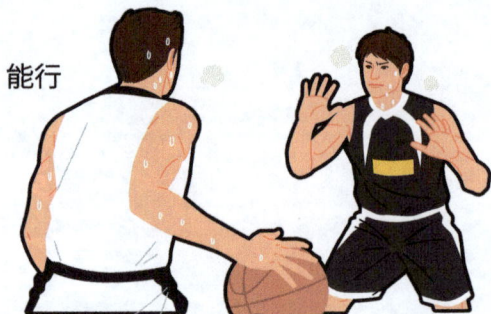

能行

▲图中展示的便是基本姿势

本来的实力无法发挥出来。

为了能充分发挥实力，在任何环境、状态下都能完成包括基本动作在内的所有的技巧，要反复练习，扎实掌握基本技巧。

2 基本动作的要点

基本姿势

◎ 也可以叫作篮球姿势

篮球中的"基本动作"是为了在不同的情况下都能够帮助球员快速反应的技能，在比赛中需要一直保持的动作状态。其要点有：双脚分开至肩宽，膝盖微曲，背部挺直。这种姿势，要强调在篮球中应用的，就可以称之为"篮球姿势"。

根据是进攻还是防守，"基本姿势"中脚分开的幅度有所变化，需要根据情况不同进行微调整。

进攻的时候，特别是在手持球时，为了能够将"基本动作"迅速转化为"投

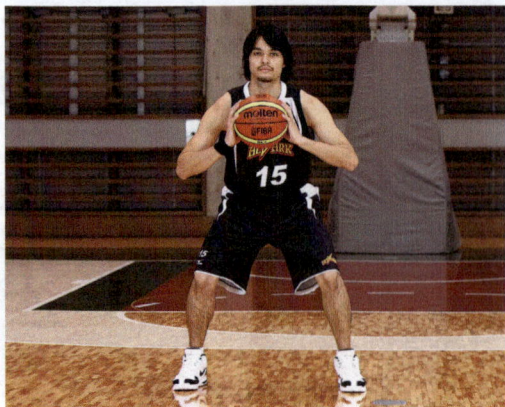

▲该图持球方式为运球正面持球

篮""运球"和"传球"这三个基本动作，应该采用"基本姿势"。

步法

◎接住球的时候要注意停止的步法

和其他很多运动一样，篮球中的步法也非常重要。两支队伍在比赛中共有10人上场，一场40分钟的比赛平均每人只能摸球4分钟，也就是说在比赛中的大多数时间都是不持球的，因此不持球时的动作更加重要。所以篮球中步法是极为重要的基础要素。

在篮球中，特别是接球时的停止、转身和进攻的步法都是很重要的。停止有"跳停"（Jump Stop 22页）和"直停"（Straight Stop 23页）。转身有"前转"（Front Turn 24页）和"后转"（Back Turn 24页）、防守有"滑步"（Slide Step 26页）和"交叉步"（Cross Step 27页）等步法。

▲跳停时双脚同时落地

手的运动

◎准确的手部控制有利于水平的提高

主要是靠脚来控制的足球被称作"踢的游戏"，与此相对，篮球是用手来控制的，因此被称作"手的游戏"。

要进一步提升投篮、运球、传球、接球等技术，"能够准确有力地用手控制球"是前提。本书详细地介绍了手部练习，希望大家能够掌握。

▲在游戏的状态下就可以轻松练习双手运球技巧

3　练习时的注意事项

◎在练习中加入比赛形式

虽说所有的基础技术都很重要，但其基本动作的练习和投篮比起来，有很多球员会感到"很枯燥，没意思"，因此教练应注意不要在某一项上长时间过度练习。

同时，每一个基本动作练习之后，应该进行比赛形式的训练。这是为了保持球员的注意力的集中，并让他们意识到基本动作的重要性。

基本姿势

技术解说

基本动作

投篮

背打

运球

传球

篮板球

1对1

协调性

背部挺直。

脚尖、膝盖和肩呈一条线，和地面垂直。

下巴微微向上，眼睛直视前方远处位置。

持球时

把球置于几乎同时碰到下巴和胸部的地方。

双肘微微转向外侧，手指指向上方。

双肘弯曲，手指指向上方。

膝盖微曲。

两脚分开至肩宽。

技术解说 **两脚分开至肩宽，便于迅速移动**

这个姿势是所有动作和技术的根本，其作用就是便于向前后左右迅速移动。基本姿势的动作要点是两脚分开至肩宽，双膝微曲，背部挺直。同时，手臂要在身体两侧微曲，手指保持向上。保持这个姿势持球的话，就作出了基本姿势，该动作也是把基本姿势作为基础，双肘微微转向外侧，把球置于快要同时碰到下巴和胸部的地方，手指指向上方，保持这个姿势。

技术
解说

基本姿势（防守的时候）

当对方开始运球时

把手肘移至膝盖上方，手部端平，手掌向上。

重心更低。

把手举至脸或肩的位置。

背部挺直。

膝盖弯曲，重心进一步下移。

双脚分开的距离更大。

技术解说 **和进攻时的基本姿势相比，防守时更需要降低重心**

防守时，脚分开的幅度要比刚才介绍的基本姿势略大，且重心要进一步下移。这是为了当对方快速移动时，自己可以更加快速、灵活地活动。而且，为了防止对手突然传球或投篮，要把手举至脸或肩的位置。因为该姿势和拳击手出拳前的样子很像，也叫做"拳击手姿势"。当对方将球向下移动准备运球时，可以把手臂放下，手掌朝上加以对应。

技术解说 跳停

STEP 1

保持"基本姿势"（20页），随球移动。

STEP 2

默算时间，快接到球的时候轻轻向上跳跃。

STEP 3

在空中准确地接到球。

轻跳在空中接球。

STEP 4

两脚着地后迅速开始下一个动作。

着地时弯曲膝盖，控制动作的速度。

两脚同时着地。

技术解说 **轻轻跳跃后两脚同时着地**

传球时随球移动并轻轻跳跃，在空中接住，这是非常基本的一个动作。主要有两种接球方式："跳停"和"直停"。"跳停"是跳跃后两脚同时着地的一种接球方式，也被称为"一次跳跃止球"。用此种方法接球，两只脚都可以作为轴完成旋转动作（Pivot 24页），也便于继续完成接下来的步法。参考164页的"接球"的项目并加以练习，可以更好地接球。

技术解说

直停

STEP 1

保持"基本姿势（20页）"，随球移动。

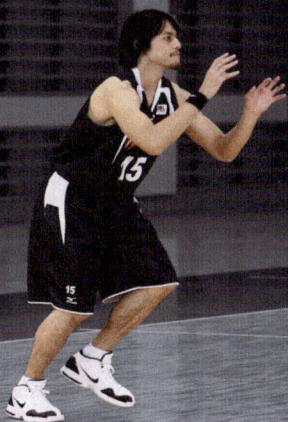

STEP 2

保持跑的节奏，控制身体，轻轻跳跃。

默算时间，快接到球的时候轻轻向上跳跃。

STEP 3

在空中接住球，持球单腿落地。

先着地的一只脚作为旋转的轴。

STEP 4

注意保持先着地的那只脚不离开地面，接续做下一个动作。

技术解说 保持跑步姿势单脚落地

与刚才介绍的双脚同时着地的"跳停"相对，本节介绍的"直停"是接球时单脚交替着地。因此也叫做"两步止停法"。"直停"不打乱跑步的节奏，顺势直接接球，先着地的脚作为旋转轴心。

在比赛中，根据情况的不同，这两种方法都要求熟练掌握。

技术解说

旋转

基本动作

投篮

背打

运球

传球

篮板球

1对1

协调性

前转

STEP 1

持球保持基本姿势。

头部略微抬起，眼睛直视前方。

STEP 2

单脚为轴，另一只脚悬空向前转动。

从正面看，上半身不能向左右倾斜，要保持与地面垂直。

视线转向想要转到的位置。

另一只脚悬空，绕作为轴的那只脚转动，距离不宜过大。

作为轴的脚的脚踝微微提起，脚趾用劲支撑。

后转

STEP 1

持球保持基本姿势。

头部略微抬起，眼睛直视前方。

STEP 2

单脚为轴，另一只脚悬空向后转动。

视线转向想要转到的位置。

从正面看，上半身不能向左右倾斜，要保持与地面垂直。

另一只脚悬空，绕作为轴的那只脚转动，距离不宜过大。

作为轴的脚的脚踝微微提起，脚趾用力支撑。

技术解说 **单脚为轴旋转，转动身体**

　　篮球比赛中禁止持球移动三步以上，所以可以利用单脚为轴，另一只脚悬空回旋，转动身体。这一技术叫做"旋转"。有两种"旋转"方式：向前旋转的"前转（Front Turn）"和向后旋转的"后转（Back Turn）"。旋转过以后要注意保持"基本姿势"（20页）。旋转角度根据比赛情况灵活判断。

技术
解说

球的移动

上下移动

此过程应保持膝盖微曲，重心下移。

和其他运球一样，保持脸面朝前，避免眼睛看球。

■ 按基本姿势持球

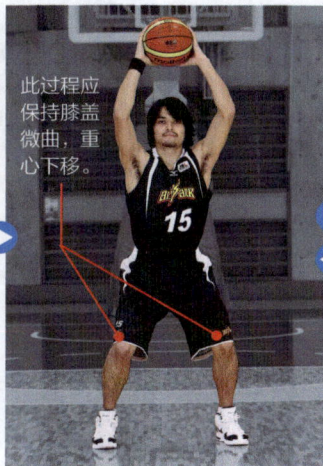

■ 将球移至头部上方

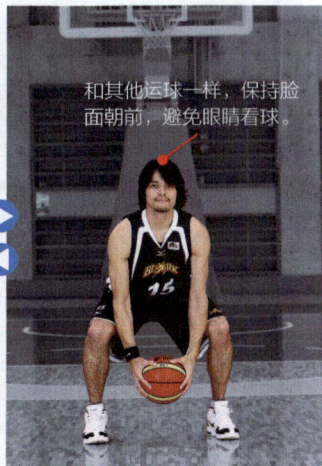

■ 向下控球

左右移动

右臂不要过于伸出。

篮球不要距离身体过远，要在腰部水平位置左右快速移动。

■ 按基本姿势持球

■ 向身体左侧移动

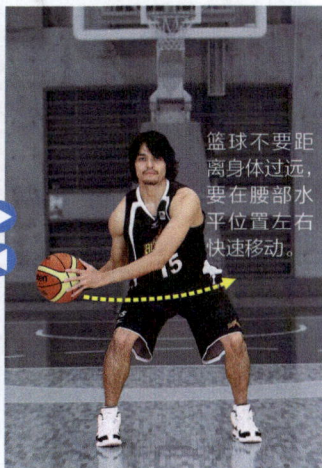

■ 向身体右侧移动

技术解说 **保持重心下移状态使球在身体周围移动**

　　两手在胸前持球是基本动作，但是一直放在胸前，球就容易被对方队员抢夺。为了防止这一情况的发生，我们必须学会带球移动。保持膝盖微曲、重心下移的姿势将球快速向上下左右转移，以使对方无法抢球且便于自己下一个动作的展开。向左右移动的时候，应注意不要破坏身体平衡，应在腰高位置盘球。

技术解说

滑步

STEP 1

重心下降，双手上举，呈防御时候的基本姿势（见21页）。

眼睛直视前方。

STEP 2

脚向目标方向的同侧迈出。

双手保持上举，呈拳击手姿势，手掌面向对方球员。

先向想要移动的方向迈出。

STEP 3

将重心向迈出的那只脚的方向移动，另一只脚蹬地靠近。

注意在另一只脚靠近的过程中两腿不要并拢，两腿之间尽量保持肩宽距离。

STEP 4

恢复第一步姿势，再次重复前三步流程。

移动过程中注意身体尽量不要上下起伏。

技术解说 **蹬地向正侧面移动**

滑步是在防御时应对对方短距离快速移动经常使用的动作，是篮球运动中独有的动作。例如，向左侧滑动的时候，左脚先抬起，随之右脚蹬地，使左脚向左移动，右脚也随之滑向左侧。侧向移动时基本均可使用，注意两腿不能并拢。

技术解说

交叉步

STEP 1

重心下移，双手举起，做防守基本姿势。

眼睛向前方直视。

STEP 2

脚横向交叉。

双手保持上举。要像拳击手防御时一样，手掌与对方相对。

STEP 3

继续向对方的移动方向跟进一步。

上身要始终面向对方。

STEP 4

使脚再次交叉踏出一步。

移动过程中，注意尽量保持躯干不动。

技术解说 **准备好下半身的迅速移动**

"交叉步"和前面介绍的"滑步"一样，都是在防守时典型的步法。在对方队员快速运球、长距离移动等情况时使用。

上半身面向对方队员，下半身向其移动方向运动。虽然需要保持上半身不动，只移动下半身，但其步法跟平时跑步一样，不需要特别注意其发力方式。

姿势

练习 001

蹲起运动

重要度 ★★★★★

难度水平 ★★★★★

场地 **任意**

目的 该项练习的目的是掌握篮球的基本姿势（20页）。在反复起身、下蹲之间练习基本姿势，便于掌握正确的基本姿势。

腰和膝盖伸直，站立。

■首先做"基本姿势"。

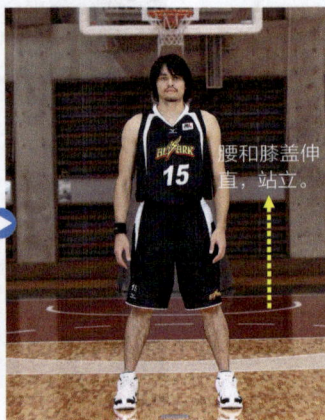

教练发出"起"的口号后球员直立。

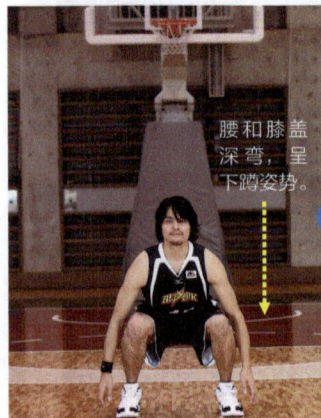

腰和膝盖深弯，呈下蹲姿势。

■教练发出"蹲！"的口号后球员下蹲。

在多次反复"蹲""起"指令后，教练发出"中间"的口号，队员做"基本姿势"。

练习步骤

① 一个人也可以练习，但在教练的指导下和队友们一起练习效果会更好。首先做出"基本姿势"。
② 教练发出"起"的口号后球员直立（如图2）。
③ 教练发出"蹲"的口号后球员下蹲（如图3）。
④ 在多次反复"蹲""起"指令后，教练发出"中间"的口号，队员做"基本姿势"。

给球员的建议

即使平时训练时能够准确做出基本姿势，在比赛中，球员也会因为疲劳导致动作、姿势难以正确完成，不知不觉就会呆站在场内。这个问题需要引起足够的重视。通过本项练习，可以有效地使身体记住基本姿势，从而在比赛中稳定发挥。

教练笔记 无论是否持球，能够在瞬间做出正确的基本姿势是非常重要的。球场上经常出现无意导致身体过于直立，或是因过度注意而向下蹲的过深的状况。教练要引导队员做出正确的"基本姿势"。

姿势

触膝练习

重要度 ★★

难度水平 ★

场地 **场地圆圈内**

目的 防御时的姿势，特别是对方进攻球员在运球时经常运用到的动作。和队友一起，像玩游戏一样在不知不觉中掌握正确动作。

练习时队员站在圆圈内，面对面取基本姿势站立。

练习步骤

① 两人一组无球训练。
② 两人同时做"防守时的基本姿势"。
③ 在注意自己的膝盖不让对方球员触摸到的同时，去触摸对方膝盖内侧。
④ 先触摸对方2次的一方获胜。

触摸到对方膝盖内侧算获胜。

比赛触摸对方膝盖内侧。

给球员的建议

本项练习不仅可以使球员逐渐掌握正确姿势，还有利于培养观察对方动作的能力和敏捷度。根据对方的动作，采取准确、快速的对应方式。

教练笔记 准确地记忆防御基本动作非常重要。但是，其练习过程单调乏味，一个人很难总是积极练习。因此，建议进行触膝练习这样游戏一样的练习。在增强体力的同时，多次练习该项目还可以长时间保持正确的基本防御姿势。

投篮

背打

运球

传球

篮板球

1对1

协调性

步法

练习 003

重要度 ★★

难度水平 ★

场地 **全场**

钻石切入

目的 篮球的特征之一就是重复灵活地移动和转换方向。通过练习灵活地转换方向，可以提高行动的敏捷度。

转向后的第一步步幅要小，速度要快，之后保持跑步的节奏。

快速转向。

迅速奔跑。

←-- 移动

练习步骤

① 站立在底线一端（如图所示）。

② 面向肘区迅速奔跑，到达肘区顶点快速转换方向，转向后的第一步步幅要小，速度要快。之后按照跑步的节奏继续沿着图中虚线部分在全场练习。

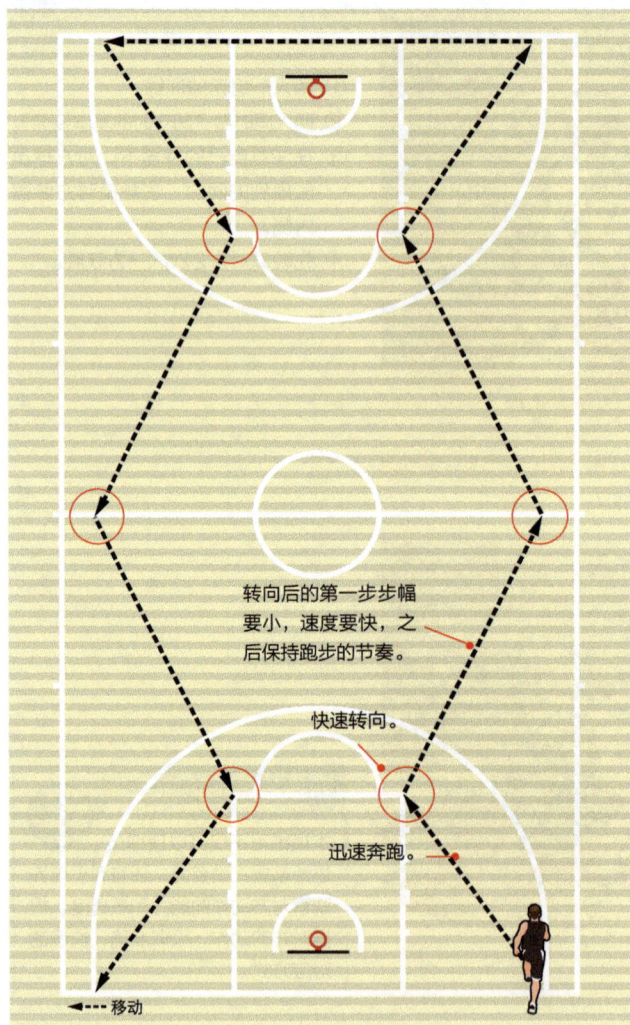

给球员的建议

能够迅速转向的要点是，起跳脚的大脚趾用力蹬，腰、膝盖、脚尖都要转到目标方向。转向后的第一步步幅要小，速度要快。

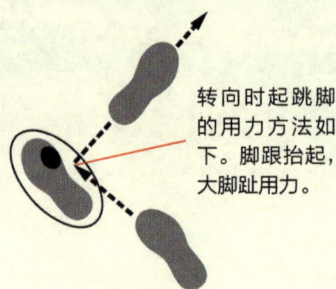

转向时起跳脚的用力方法如下。脚跟抬起，大脚趾用力。

教练笔记 篮球中"切（cut）"即"移动"的意思。在国外教练如果说"切（cut）"的话，就意味着"开始活动"。为了避开对方防守，快速转向、移动是非常重要的。通过反复练习，可以让身体准确记忆正确的基本姿势。

步法

练习 004

急转弯＆快速启动

🏀 场地 **半场**

目的 和刚才介绍的"钻石切入"一样，为了掌握快速转体和跑步技能，可以多人同时练习，也可以当作热身运动。

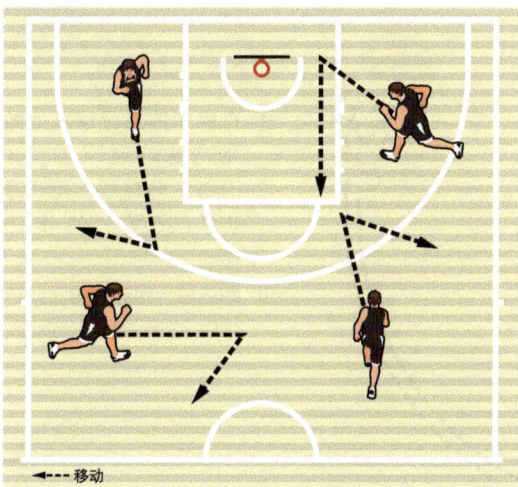

← 移动

练习步骤

① 参加练习的球员（4~5人）在半场内任意选择合适的距离分布。

② 听到教练口号后先迅速踏出一小步后，顺势慢跑。

③ 听到教练"转"的口号后，快速转体。转体后的第一步小而迅速，之后顺势奔跑。该动作持续1分钟。

教练笔记 和"钻石切入"一样，该项练习也是训练快速转体技能的。注意观察周围情况，注意不要和其他队员发生碰撞。

步法

练习 005

转体＆停止

🏀 场地 **全场**

目的 有控制的停止是非常重要的步法之一。用"跳停"（22页）或"直停"（23页）的方式有控制地停止奔跑。该项练习就是为了使身体记住这种感觉。

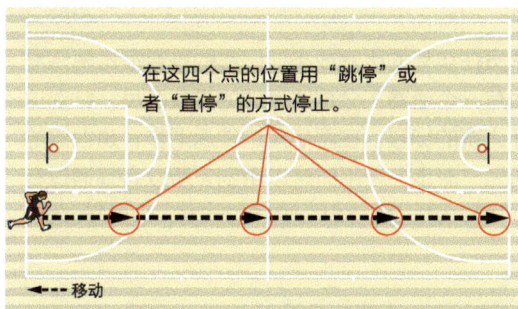

在这四个点的位置用"跳停"或者"直停"的方式停止。

← 移动

练习步骤

① 从底线开始向对面跑去，到达第一个罚球线后，用"跳停"或者"直停"的方式停下。

② 停下后，快速迈出第一步，步伐要小，顺势继续向前跑。如左图所示，到达四个点用同种方法练习"停止"。

教练笔记 为了进一步加强停止的练习，可以在"跳停""直停"之后轻轻地弯曲、伸展膝盖（2~3次），然后做"基本姿势"（20页）。

步法

练习 006

三分球线滑动

重要度 ★★★

难度水平 ★

场地 **半场**

目的 为了掌握防守的基本步法"滑步"（26页）的练习。想象对面有进攻队员，阻止他接近球框。

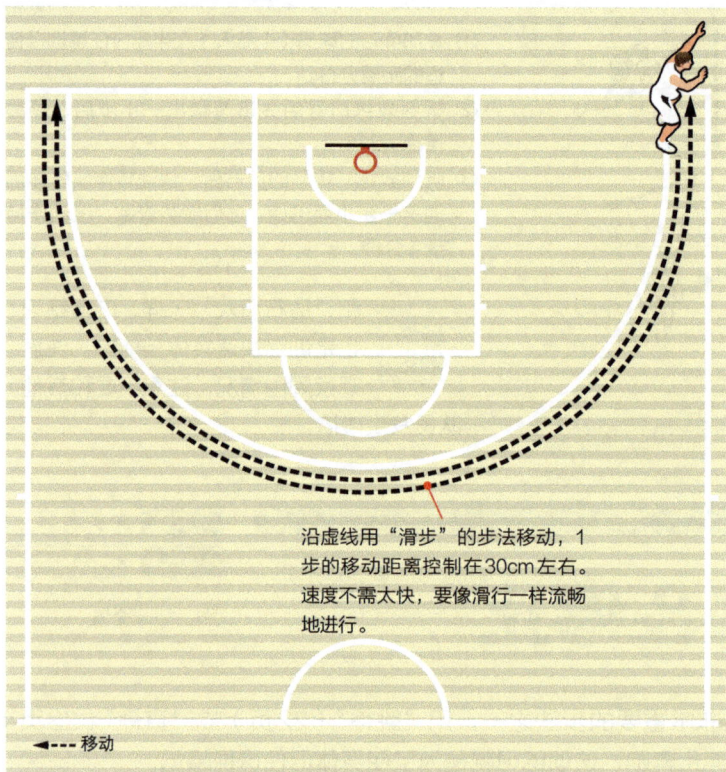

沿虚线用"滑步"的步法移动，1步的移动距离控制在30cm左右。速度不需太快，要像滑行一样流畅地进行。

◀--- 移动

练习步骤

① 在底角的三分球线上做"防守基本姿势"（21页）。

② 沿着三分球线，用"滑步"（26页）的步法移动。

③ 到达另一侧的底角三分球线后，按原路用滑步返回。

教练笔记 如果只进行向左右"滑步"的练习，球员在实际的比赛或类似比赛的场合很难熟练准确地做出"滑步"的动作。想象着对面有一个沿着三分球线运球的进攻队员，针对这种情况进行滑步练习，会更加接近实际比赛的场景。在两底角边往返滑步，是很难的挑战，而且要时刻注意不能把腰部直立起来。因为"滑步"在平时难以用到，所以必须通过专项练习加以强化。在熟练之前，应边在心里默念"蹬、滑！蹬、滑！"这样的节奏，边进行训练。

变式组合

当一个人可以熟练做出滑步以后，可以和一个进攻队员共同配合练习。进攻队员沿着三分球线运球，防守运用滑步阻止进攻靠近篮筐。这正是背对篮筐，面对进攻的防守的基本动作。

圆圈滑步

练习 007

重要度 ★★

难度水平 ★

场地 中圈

目的

在可以准确做到"滑步"以后，就开始追求快速"滑步"。和刚才介绍的"三分球线滑动"的长距离练习不同，本项练习使用球场的中圈，在短距离内和对手比赛谁先完成半圈滑步。

圈线上并列站两个人，两人均取"防守基本姿势"。

在线上"滑步"移动，到达正对面的端点以后返回。

练习步骤

① 两人站在罚球区圈或中圈的线上，呈防守的"基本姿势"。

② 听到教练（或队员）的口号后沿着圈的线进行"滑步"。

③ 到达起始点正对面的端点以后，继续用滑步返回原来位置。

给球员的建议

要时刻注意自己做的"滑步"是否变成了"直步"，同时也要注意对面球员的练习情况。如果做的不对，请及时提醒对方。这样有助于共同提高双方的技术水平。

教练笔记

通过两人的比赛竞争，可以提高队员的滑步速度。但是，过于追求速度，可能会造成身体上下不稳定的波动，无法完成正确的动作。在比赛中，如果滑步动作不正确，就会给进攻队员突破的机会，造成防守失败。

步法

练习
008

前进步

重要度 ★★★★
难度水平 ★
场地 任意

目的 前进步的步法跟"滑步"（26页）一样，双脚不交叉，只是向前运动。面对持球者，为了缩短和他的距离而使用的一种步法。

▌脚法和"滑步"一样，但是方向向前。

练习步骤

① 先做防守基本姿势（21页），继而上体向左右转体。
② 目标方向的脚（前脚）向前迈出一步。
③ 逐渐将重心移至前脚，后脚蹬地跟进。
④ 回到原来的姿势后前脚再次向前迈出。

教练笔记 该动作完成过程中腿不能完全并拢，后脚跟进后两脚的距离约与肩同宽。

步法

练习
009

后撤步

重要度 ★★★★
难度水平 ★
场地 任意

目的 跟刚才介绍的"前进步"一样，双脚不交叉，依靠蹬力向后撤的一种步法。后撤步是在对方进攻队员运球前进时的一种对应步法。

▌脚法和"滑步"一样，但是方向向后。

练习步骤

① 先做防守基本姿势（21页），继而上体向左右转体。
② 目标方向的脚（后脚）向后迈出一步。
③ 逐渐将重心移至后脚，前脚蹬地跟进。

教练笔记 "后撤步"是应对对方进攻球员要突破防守时的一种有效步法。当对方把球下移，就迅速使用后撤步，注意和对手保持合适的距离。

步法

练习
010

箱子滑步

重要度 ★★★★

难度水平 ★

场地 油漆区

目的 利用场内的油漆区，练习防守的步法。为了同前后左右不断进攻的对方球员周旋，要灵活掌握各种步法。这也是该项练习的目的。

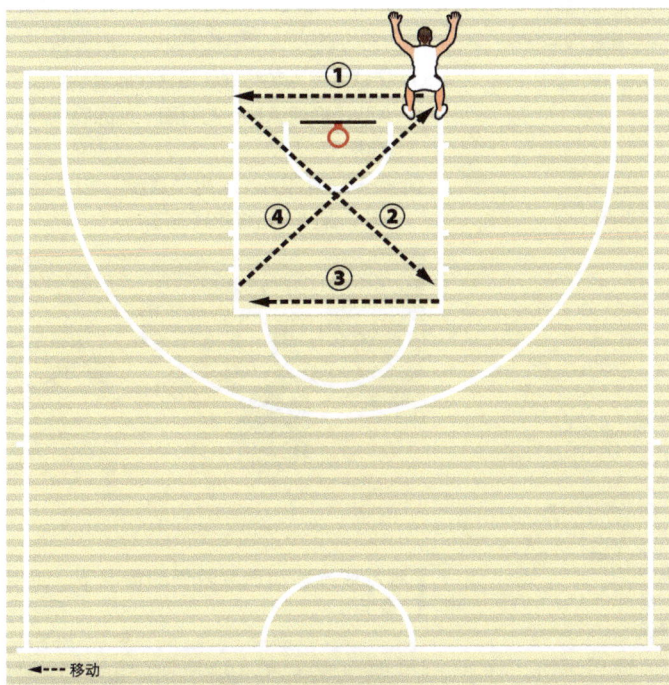

◄----移动

练习步骤

① 在油漆区的某一顶点，做"防守基本姿势"。

② 沿着油漆区的线，在线①③用"滑步"。线②用"后撤步"，线④用"前进步"移动。

▌在油漆区的线上滑步运动。

快速挥动手臂转变身体方向。

▌到达对面顶端，转换方向。

教练笔记 在转换方向的时候，要注意步法的正确性和速度。快速挥动手臂，使其作为转体的船舵。另外，在步法的练习中要注意和其他球员的距离。在实际的比赛中不断向前后左右运动，不知不觉就和其他球员距离过远或过近。为了注意避免这种情况，要灵活熟练地使用各种步法。

练习 011

跑＆滑行

目的 ▷▷▷ 该练习的目的是能够熟练、快速地在"直步"（26页）和"交叉步"（27页）之间转换。为了能够根据进攻队员的速度及时调整，这两种步法都要熟练掌握。

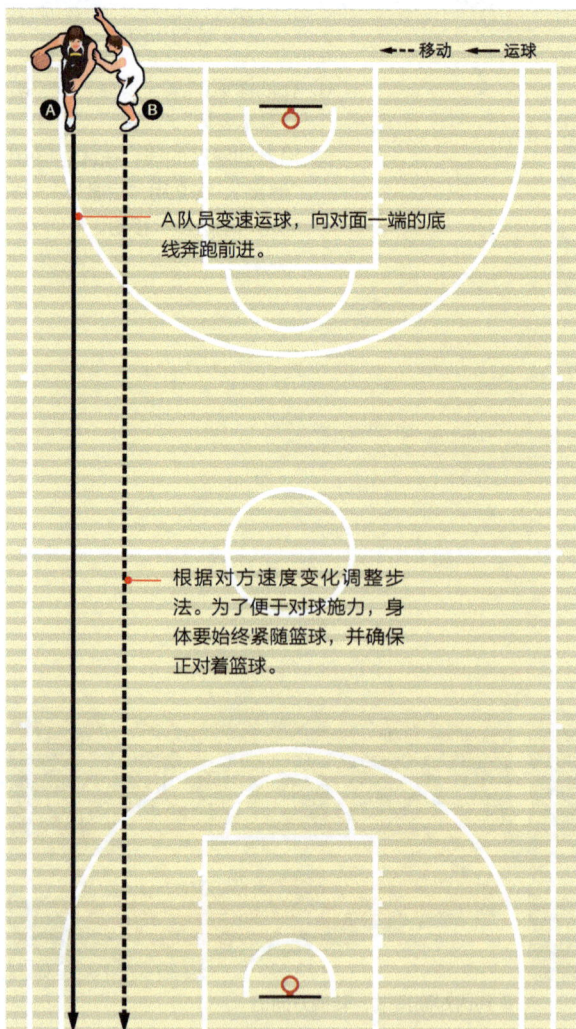

← – 移动　← 运球

A队员变速运球，向对面一端的底线奔跑前进。

根据对方速度变化调整步法。为了便于对球施力，身体要始终紧随篮球，并确保正对着篮球。

练习步骤

① 运球队员A和防守队员B在底线站立。

② A队员变速运球，向对面一端的底线奔跑前进。

③ B一直紧跟A，运用"直步"和"交叉步"，保持A始终在其前方。

对方球员移动速度较慢的情况下，使用"直步"。

上身面向对方

对方球员移动速度加快时，调整步法为"交叉步"。

教练笔记 对于防守队员来说，"直步"是最基本的步法。但是如果对方球员速度加快，还一味地使用"直步"，就会跟不上对方。这里的要点是，随着对方速度变化不断地调整步法。也就是"从直步到交叉步""从交叉步到直步"这样的转换。这在篮球技术中有着重要的意义。

练习 012

1对1Z字型&圆顶高帽

重要度 ★★★

难度水平 ★★

场地 半场

目的 将球举过头顶，保持上体平衡，进行"滑步"。该项练习并不使用手，所以可以将注意力集中在步法上。

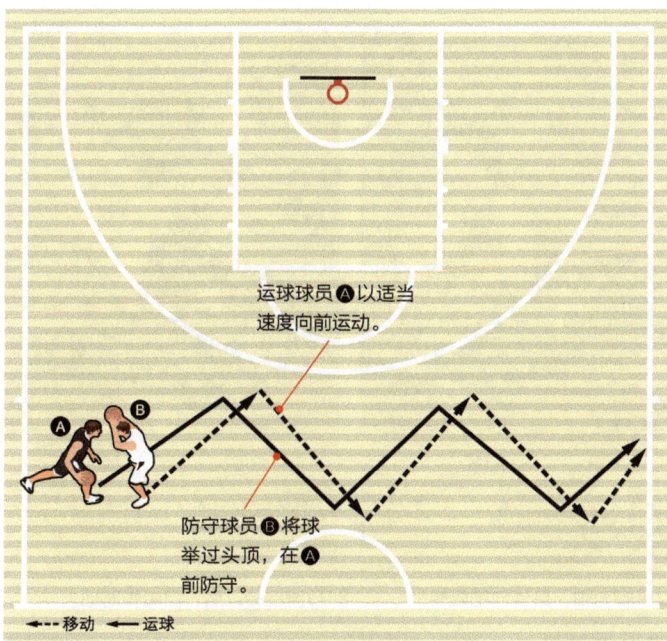

运球球员Ⓐ以适当速度向前运动。

防守球员Ⓑ将球举过头顶，在Ⓐ前防守。

←--- 移动　←— 运球

练习步骤

① 运球球员A和防守球员B在边线附近站立。两人均持球。

② A运球前进，B将球举过头顶，用"滑步"紧随运球球员A。在B需要运球时A转换方向。

③ 到达对面的底线以后，互换角色交替练习。

防守球员Ⓑ将球举过头顶，在Ⓐ前防守。

阻止对方运球

Ⓑ到达运球区以后Ⓐ转向继续运球。

教练笔记 如果上身倾斜，就无法及时对对面球员的动作做出反应。该项练习有助于掌握基础动作："保持上体直立的滑步"。运球队员要保持防守队员不尽全力就跟不上的速度前进。熟练之后，随着运球前进速度的提升，防守队员的滑步速度也会有很大进步，同时对于运球队员来说也是一种很好的锻炼。

投篮

背打

运球

传球

篮板球

1对1

协调性

步法

练习 013

90度前转

重要度 ★★

难度水平 ★

场地 任意

目的 该项练习的目的是为了掌握旋转中的"前转"（24页），以一只脚为轴让身体回转90度。通过这项练习，可以记住"自由脚"（可以自由移动的脚/24页）和"轴脚（作为旋转轴的脚）"的使用方法。

■双手持球呈"基本姿势"。

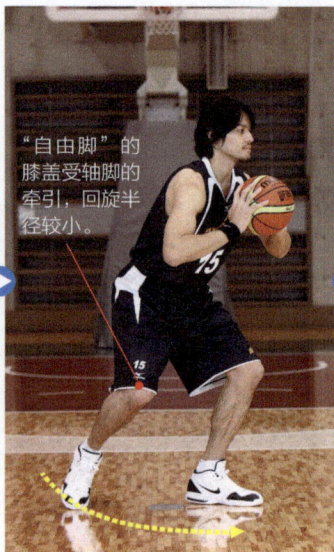

"自由脚"的膝盖受轴脚的牵引，回旋半径较小。

■以单脚为轴，身体向前旋转。

无论在旋转中还是在旋转后，头部高度都是不变的

■90度旋转以后，自由脚落地。

练习步骤

① 双手持球呈"基本姿势"（20页）。
② 以单脚为轴，身体向前旋转90度。

教练笔记 该动作在接过侧面传球后转身投篮时经常使用。要注意轴脚（在照片里为左脚）不要离开地面，脚跟微微提高，膝盖有意识地用劲使身体向前转动。视线指向将要转动到的方向。注意转动过程中头部高度不要发生变化。

变式组合

▲双手持球呈"基本姿势"。

▲以单脚为轴，身体向前旋转180度后自由脚落地。

当熟练掌握"90度前转"以后，开始挑战"180度前转"。要时刻注意头部高度不要发生变化，要点相同。

270度前转

重要度	★★
难度水平	★★
场地	任意

目的 和刚才介绍的"90度前转"相比旋转的角度要大，转体的精度要求更高。该动作是为了不让防守球员触摸到球的一种护球技术。要时刻记住轴脚不要离开地板。

■ 双手持球呈"基本姿势"。

脚跟微微提高，膝盖有意识地用劲使身体向前转动。

■ 单脚为轴，先使身体向前旋转。

自由脚被轴脚牵拉着回旋。

以轴脚的大拇指为支点。

■ 转体时旋转半径要小。

旋转过程中头部高度保持不变。

■ 旋转270度以后自由脚落地。

练习步骤

① 双手持球呈"基本姿势"（20页）。

② 以单脚为轴，身体向前旋转270度。

教练笔记 该动作的要点是，为了保持平衡，旋转过程中头部高度要保持不变。旋转角度越大难度越高，因此在旋转270度时自由脚的膝盖要向轴腿靠近，等身体旋转到位后再迈出自由脚。这个动作看起来像是两膝盖合并在一起再旋转。注意两腿分开距离不能大。熟练掌握后可以挑战360度旋转。

步法

90度后转

重要度 ★★

难度水平 ★

场地 **任意**

目的 该项练习是和"90度前转"（38页）相对应的练习。进行该练习训练可以掌握以一只脚为轴让身体向后回转90度的技术。

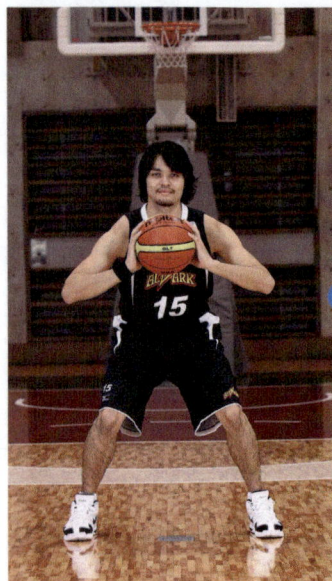

"自由脚"的膝盖受轴脚的牵引，回旋半径较小。

无论在旋转中还是在旋转后，头部高度都是不变的。

▌双手持球呈"基本姿势"。　　▌以单脚为轴，身体向后旋转。　　▌90度旋转以后，自由脚落地。

练习步骤

① 双手持球呈"基本姿势"（20页）。

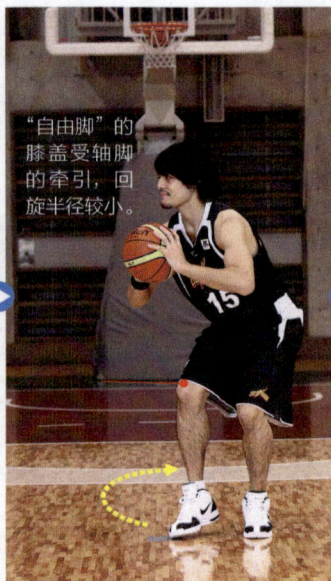

② 以单脚为轴，身体向后旋转90度。

教练笔记 该动作在向后方转体藏球，不让防守者抢球时经常使用。要注意轴脚（在照片里为左脚）不要离开地面，迅速转体。要点像之前的"前转"一样，转动过程中头部高度不要发生变化。两膝尽量靠近。

变式组合

▲双手持球呈"基本姿势"。　　▲以单脚为轴，身体向后旋转180度后自由脚落地。

像"前转"一样，在熟练掌握"90度后转"以后，可以开始挑战"180度后转"。要时刻注意头部高度不要发生变化，要点相同。

270度后转

练习
016

重要度 ★★
难度水平 ★★
场地 任意

基本动作

投篮

背打

运球

传球

篮板球

1对1

协调性

目的 为了熟练掌握"270度后转"，可以把刚才介绍的"90度后转"的旋转角度扩大。注意不要使身体失去平衡。尽量加快速度。

■ 双手持球呈"基本姿势"。

■ 单脚为轴，先使身体向后旋转。

自由脚被轴脚牵拉着回旋。

以轴脚的大拇指为支点。

■ 转体时旋转半径要小。

旋转过程中头部高度保持不变。

■ 旋转270度以后自由脚落地。

练习步骤

① 双手持球呈"基本姿势"（20页）。

② 以单脚为轴，身体向后旋转270度。

教练笔记 和"前转"相同，后转时自由腿的膝盖也要尽量向轴腿膝盖拉近。也就是说，自由脚（24页）在旋转过程中，不能画出一个很大的圆圈的轨迹。除此之外，要点还有，轴脚的脚跟微微上提，视线转向目标方向。该练习还有助于强化身体的平衡感。

步法

练习 017

跳停 & 转体

重要度 ★★
难度水平 ★
场地 **半场**

目的 持球练习"前转""后转"。其目标是能有控制地停止传球，灵活转身，准确传球。

两人前后站在边线上，Ⓐ持球。

运球前行，在罚球区线上"跳停"。

Ⓐ运球前进，到达罚球区"跳停"（22页）。

利用前转转身。

Ⓐ180度前转，改变身体面向方向。

Ⓐ把球传给Ⓑ以后，返回边线原位。

练习步骤

① 持球队员Ⓐ和准备接球的球员Ⓑ在边线上前后站立。
② Ⓐ运球前进，到达罚球区"跳停"（22页）。
③ Ⓐ180度前转，将球传给Ⓑ。
④ Ⓐ传球以后返回原位，此时Ⓑ运球前进，重复A的动作。

教练笔记 在"前转"的时候，注意两膝距离不要过大，要保持好身体的平衡。转体后的身体姿势也非常重要，为了能够快速精准传球，转身后要求保持基本姿势（20页）。

练习 018

"剃须"练习

目的 能够准确地传球、转身，继而运球，或者停止运球后快速转身，继而传球，是"剃须"练习的训练目的。单脚交替，心中默念"1、2；1、2"的节奏进行"直停"（23页）的练习。

■ 两名球员Ⓐ和Ⓑ站在如图所示位置。

■ Ⓐ沿图中虚线斜向运球前进，Ⓑ在罚球区内沿虚线跑步前进。

■ Ⓐ在罚球区通过"直停"停下，转身将球传给Ⓑ。

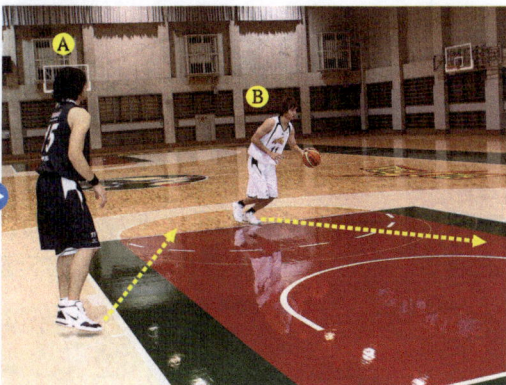

■ 同样Ⓑ也沿图中虚线运球斜向前进，Ⓐ跑向罚球区等待传球。

练习步骤

① 持球队员Ⓐ站在罚球区线上，另一队员Ⓑ站在中间区域附近。

② Ⓐ沿图中虚线斜向运球前进，Ⓑ在罚球区内沿虚线跑步前进。

③ Ⓐ到达罚球区后通过"直停"停下，转身将球传给Ⓑ。

④ Ⓑ接到球后，同Ⓐ一样，沿图中虚线运球斜向前进，A跑向罚球区等待传球。

教练笔记 运球时使用外侧手臂。停止时不使用"跳停"（22页）而运用"直停"方式。同时，灵活使用"前转"和"后转"传球。因为左右两腿分别作为轴旋转，往复过程中有4种转体类型，应熟练掌握。

手部练习

练习 019

手指控制

重要度 ★★

难度水平 ★

场地 **任意**

目的 该练习的目的是可以用手指熟练地操控篮球。经常摸球、练球，习惯打篮球的感觉，这是其他动作的基础。

将球举过头顶，手指用力使球左右传动。

练习步骤

① 双手持球，双臂上举，将球举过头顶。

② 手腕不动，仅依靠手指的力量使球左右小幅传动。

教练笔记 持球练习中有很多动作在真正的比赛中并不会用到，但手部如果能很好地控制篮球，对于投篮、运球、传球等基本技能有很大的提升。所以，首先需要做的是培养球感。

手部练习

练习 020

空中运球

重要度 ★★

难度水平 ★

场地 **任意**

目的 跟上面介绍的"手指控制"一样，该项练习的目的也是为了提高手指对篮球的控制能力。手臂伸直，使篮球上下缓慢移动，经练习可以提高持球动作水平。

将篮球在双手指尖互传的同时，上下、左右缓慢移动篮球。

练习步骤

① 将球举过头顶，双手小幅度互相传球。

② 保持步骤1的传球频率的同时，双手缓慢向下移动。

③ 保持双手互传频率，慢慢将球举至头顶。

教练笔记 集体训练中，可能没有专门时间去做该项练习。每位球员要充分利用自己的闲暇时间进行练习。该训练有助于提高球感。

手部动作

练习 021

双手交互用力传球

重要度 ★ ★ ★

难度水平 ★

场地 任意

目的 在比赛中，能够接住速度快且劲大的传球是一项必须的技能。并且，要求接球以后可以保持稳定持球。该项训练就是为达成此目的的初步练习。

▌胸前持球。

▌单手持球，置于斜上方。另一只手的手掌向前伸向外侧。

练习步骤

① 胸前持球。

② 单手持球，置于斜上方。

③ 由斜上方开始向另一侧的手的方向用力砸，另一侧手接球。

④ 反方向练习。

接球时会发出"砰"的一声清脆的声音。

▌将球用劲向下砸去，在胸前接住。

▌反方向换手练习。

注意

如果在向下传球时速度不够，或者接球的手的五根手指没有完全张开，就不会发出很大的"砰"的声音。另外，在持球时，双手手指如果不朝上，或者手腕不伸直，在比赛中就容易被对方抢球。

教练笔记 左右交互传球记为1次，每次训练以20次为宜。手臂要伸直，在胸前接球时会发出"砰"的一声清脆的响声。教练要随时提醒队员"注意发出声响"。另外，要时刻注意胸前持球时指尖要朝上，手腕不能弯曲，否则很容易被对方从侧边抢球成功。

基本动作

投篮

背打

运球

传球

篮板球

1对1

协调性

弹接球练习

> **目的** 通过在胯下接住弹起的篮球的练习，可以记住篮球弹起的感觉，并能快速用手抓到弹起的篮球。

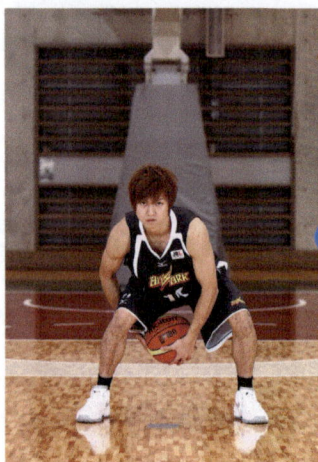

▌同图片中的姿势持球。

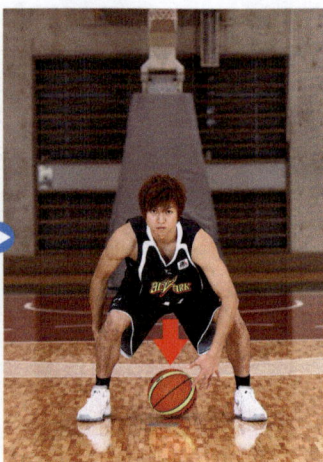

▌松开球使球弹起。

▌双手迅速前后置换位置。

▌在胯下再次接住球。

练习步骤

① 两脚距离略宽于肩，膝盖弯曲，一手从前，一手从腿后在胯下持球。

② 在胯下让篮球弹跳一次，左右手交换方向，接住弹上来的篮球。这样的左右交替运动要有节奏地进行。

给球员的建议

在追求速度的基础上，更要注意在篮球弹起时的身体姿势的正确性。刚开始时会不自觉地看着篮球，在抓住要领以后，就可以抬头目视前方，不看篮球完成该动作。在比赛中如果盯着球运球的话，就无法把握周围情况。

教练笔记 尽量要快速、有节奏地练习该动作。即使有失误也没关系，尽量多地快速地尝试。在重复的过程中，不断地摸球、接球，可以记忆篮球弹起落下的感觉。

手部练习

练习 023

下落球练习

目的 姿势跟刚刚介绍的"弹接球练习"（46页）相同，但是不让篮球弹起跳动。让篮球下落，双手迅速交换位置，在篮球落下地板之前就接住篮球。

同图片中的姿势持球。

轻轻托球并松手。

手的速度要快。

双手迅速前后置换位置。

在球着地之前接住球。

在胯下再次接住球。

练习步骤

① 两脚距离略宽于肩，膝盖弯曲，一手在前，一手在腿后于胯下持球。

② 在松开篮球的一瞬间，两手迅速交替前后位置，在球不落地之前接住球。该过程应有节奏地完成。

变式组合

为了使手部持球练习更加有趣，可以进行如下训练：1分钟计时，看一共可以接球多少次。或者在团队中比赛谁可以接住更多的球。这样的计数或团队比赛的方法也可以用于之后的练习中。这样的变式训练可以增加训练乐趣。

教练笔记 通过反复进行这样的持球练习，可以加快双手的运动速度。在抓住要领以后，就可以做到不看篮球，加快速度。正确地练习该动作很重要，与此同时也要积极地挑战难度系数更高的动作，这在提高手部灵活度、控制度方面起到很重要的作用。

手部练习

练习 024

前后抛接球练习

重要度　★
难度水平　★★
📺 场地　任意

目的 保持重心下移的姿势，双手在体前持球。轻轻向后抛球后在后面接住球，在此过程中不让篮球弹起。和"下落球练习"（47页）一样，双手迅速移动，用指尖接球。

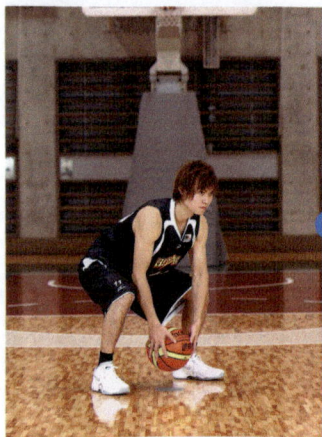

■ 同图片中的姿势持球。

手的速度要快。

■ 轻轻向后托球并松手，双手迅速移向体后。

■ 在体后（膝盖后）接住球。

手移向体前，在球着地之前接住球。

■ 轻轻向前托球并松手，双手迅速移向体前，在前面接住球。

练习步骤

① 两脚距离略宽于肩，膝盖弯曲，在体前持球。
② 在两腿间轻轻向上抛球。
③ 在篮球着地之前，两手迅速移向体后并接。
④ 同样将球在两腿间轻轻向前抛，双手快速移向体前接球。

给球员的建议

在体后接球时，身体容易前倾。在这里应注意关节要有节奏地运动，肩关节应灵活柔软，手臂应有意识地向后旋转。通过这样的训练，可以慢慢使运球动作规范化。

教练笔记 跟之前介绍的"弹接球练习"（46页）和"下落球练习"（47页）中的左右手在膝盖前后互换相比，本节介绍的"前后抛接球练习"是双手同时向前后移动控制球的一个动作。经过该系列的训练，手部会记住不同的感觉，这有助于提高手部的控制能力。

手部练习

练习
025

盘球练习

重要度 ★★★

难度水平 ★

场地 **任意**

基本动作

投篮

背打

运球

传球

篮板球

1对1

协调性

目的 该练习是为了提高手部盘球速度的练习。通过环绕颈部－腰－膝盖的盘球，可以记住手臂和手在盘球时的感觉。

▌在颈部盘球一周。

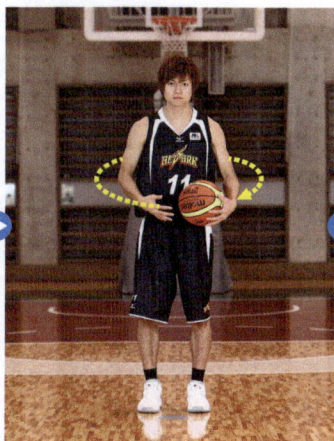

▌在腰部盘球一周。

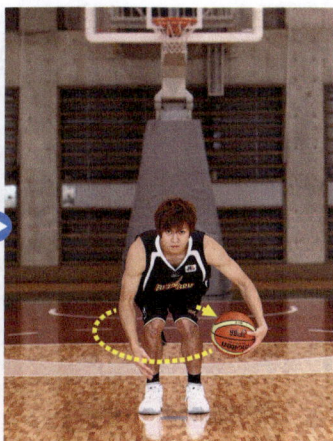

▌在膝盖周围盘球一周。

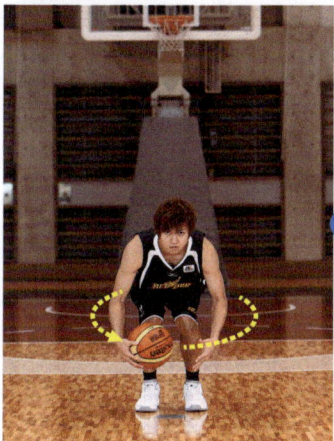

▌接着上一步在膝盖周围相反方向盘球一周。

▌在腰部盘球一周。

▌在颈部盘球一周。

练习步骤

① 在颈部盘球一周。

② 在腰部盘球一周。

③ 在膝盖周围盘球一周。

④ 从颈部、腰部到膝盖自上往下盘球过后，从膝盖开始向上依次反方向各盘球一圈。

教练笔记 用手指控制篮球的同时，加强练习手和手腕的技巧，加快盘球速度。练习过程中篮球落下来也不用气馁。熟练掌握盘球，这是掌握所有篮球技术的基础，之后就可以挑战难度系数较大的动作了。

049

八字盘球练习

重要度 ★ ★ ★

难度水平 ★

场地 任意

基本动作

投篮

背打

运球

传球

篮板球

1对1

协调性

目的 ▶ 通过持球在两腿间按"8字"的轨迹移动，可以提高控制篮球的技术，同时也要注意膝盖的动作。

单手持球，从胯下穿过。

另一只手接球，单手将球向前绕过膝盖外侧。

运球时尽量提高速度。

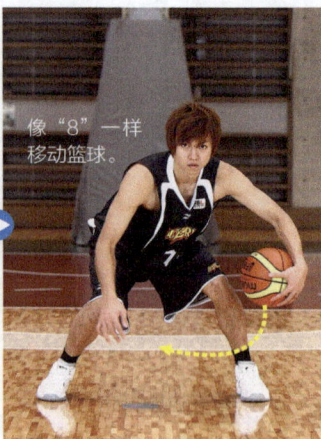

再次将球从胯下运到身体后方。

像"8"一样移动篮球。

另一只手接球，单手将球向前绕过膝盖外侧。

练习步骤

① 两脚分开，略大于肩宽，弯曲膝盖。

② 单手持球，将球从身体前方传到另一只手上。

③ 接球后，将球沿膝盖外侧向前移动。

④ 同样地从前向后移动篮球。重复该动作。

变式组合

将球从膝盖前侧传至后侧，再从后侧传至前方，这一练习可以锻炼到全身。而且，在可以熟练无障碍地来回盘球后，手部的控制能力也会相应提高。

教练笔记 这一动作在实际比赛中也可以被直接应用。比如在两腿之间持球时，为躲避防守的抢夺，先将篮球转移至膝盖后侧，然后顺势准备运球等其他动作。另外，在盘球过程中，除了灵活使用膝盖，全身也要灵活运动。

练习
027

快速拍手接球练习
（拍手＆接球）

重要度 ★

难度水平 ★★★★

场地 **任意**

目的 ▷▷ 正如"快速拍手接球练习"这一名称所示，手部快速运动是这一练习的目的。拍掌后手迅速还原至原位置。

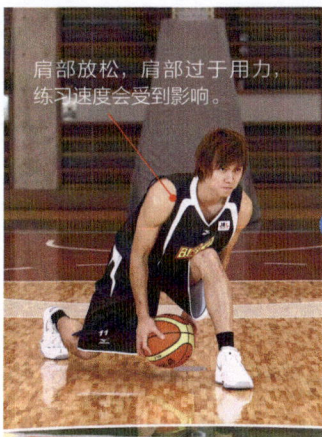

肩部放松，肩部过于用力，
练习速度会受到影响。

▮ 身体姿势如上图，胯下持球。

▮ 篮球轻轻上抛，松手。

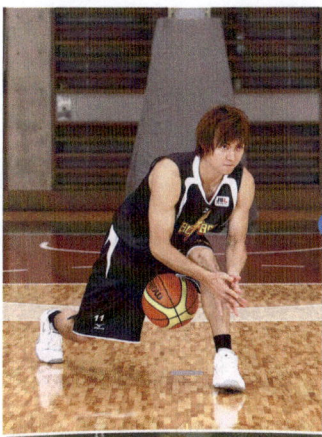

▮ 快速在体前击掌。

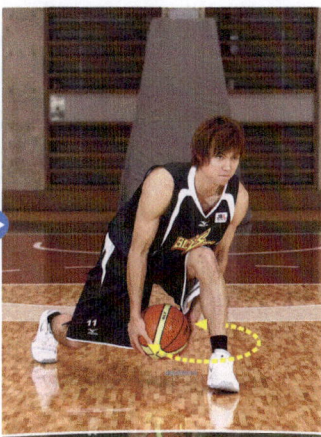

▮ 双手返回原位置，在球落地前接住球。

练习步骤

① 弓步蹲。
② 在两膝之间持球。
③ 篮球轻轻上抛，松手的瞬间快速在体前击掌。
④ 在篮球着地前接住。

变式组合

本章介绍的手部练习，在"协调练习"中也可以运用。第8章（221页）中将会详细介绍，通过协调训练也可以提高手部控制的能力。

教练笔记 随着练习难度的增加，谁都可能出现失误。即使这样也不能放弃，多次反复练习，直至熟练掌握，并珍惜每次成功的喜悦，5次、10次……连续地练习。成功次数越多，就会越自信，就越会继续挑战下去。

手部练习

练习 028

手腕练习

重要度 ★★★★★

难度水平 ★★

场地 **任意**

目的 不持球锻炼手腕的练习。想象着运球和投篮的动作，感受并掌握翻动手背时运用的上臂肌肉的用力方式。

弯曲手臂，上臂同地板平行。

像弹簧一样弹起来。

手背迅速上翻。

练习步骤

① 膝盖微曲，重心下移，伸出手臂，手背朝前自然下垂。手背快速上翻。

② 膝盖微曲，重心下移，手臂上举，手自然下垂。手背快速上翻。

手肘上举至肩部高度，上臂垂直于地面。

像弹簧一样弹起来。

手背迅速上翻。

给球员的建议

手腕练习不使用篮球，因此球员在自己的家里也可以随时练习。这项练习并不是集体训练的一项。球员在认真跟随教练指导的同时，也要自己下功夫，有效地利用时间。

教练笔记 要集中精力，把自然下垂的手像弹簧一样向上弹起。这有利于增大手腕可转动的区域，同时增强手腕的力量。相反地，手背从上举的姿势向下落的练习并不能达到锻炼的效果，要注意。本练习是下一章介绍投球动作的基础，要反复练习。

第二章
投　篮

　　篮球是一项比赛得分多少的运动，因此投篮是最重要的技术。

　　手指用力将篮球掷向篮筐，投中即得分。应把投球练习放在优先位置。

基本动作　投篮　背打　运球　传球　篮板球　1对1　协调性

投篮的基础知识

1 投篮的方法

◎意识到篮筐在上方，投篮轨迹应形成抛物线

投篮可以说是篮球中最有意思的技术。投篮的动作有很多，但我们必须要牢记，所有的动作都要注意一点，那就是篮筐的位置很高。也就是说，投出篮球的高度至少应达到篮筐的高度。为了做到这一点，手臂要有一定的弯曲，双手在篮球下方支撑，用力向上方投掷。

◎投篮时手指发力投掷篮球

在篮球离开手的瞬间，需要注意的一点是手指的用力方法。可以把指尖当作顶点，指腹当作支撑板，在投篮时指尖用力使篮球旋转。旋转可以使投篮形成一个完美的抛物线，同时也有助于控制篮球速度。另外，篮球的旋转也可以微调整投篮的距离，避免球从篮筐中弹出来。

◎眼睛注视篮筐

看清目标是投篮中非常重要的一点。如果只是模模糊糊地看一下篮筐的大概位置，对篮球的控制就会很弱。投篮时，应将目标缩小为针眼大小，并注视着这一目标投篮。

本章把投篮动作分为"跳投""上篮"和"勾手投篮"三部分详细介绍。

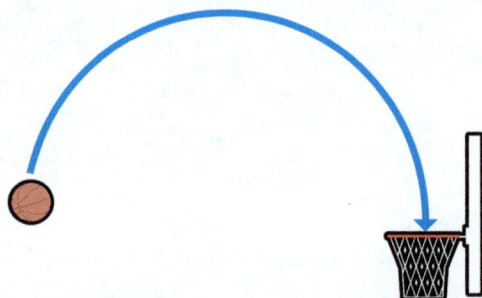

▲要时刻记住篮筐在上方，因此要将篮球抛出抛物线的轨迹。

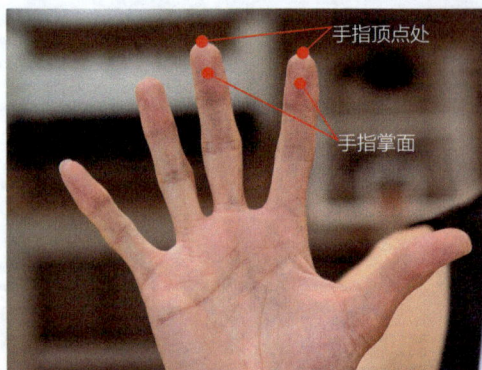

手指顶点处

手指掌面

▲投篮时手指尖发力，篮球最后离开手指尖。

▲投篮时眼睛要认真注视篮筐。

2　投篮的要点

跳投

◎在跳跃过程中也要保持正确的姿势

在多种投篮姿势中，最常用的还是双脚起跳投篮的"跳投"方式。在"跳投"中，首先要注意跳跃过程中也要保持姿势的正确。

为了提高"跳投"的命中率，要笔直地投篮。身体正对着篮筐，在脑中一定要想象出"投篮线"（篮球到篮筐的正中心的连线，篮球将要经过的线）。

不要忘记投篮时使篮球以一定速度旋转。指尖用力使篮球下旋，篮球轨迹呈抛物

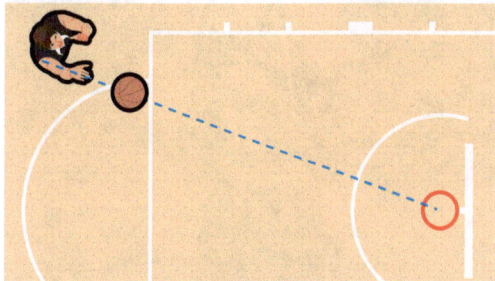

▲投篮时要注意篮板线的位置。

线，并对距离进行微调。

另外，步法在投篮中也是值得重视的。虽然投篮的瞬间，指尖用力的情况可以调整微小的距离，但能否将球投掷得远，则取决于腿部力量。

上篮

◎距离篮筐越近投球越准

所有在篮筐下的投球都可以叫做"上篮"，但是一般来说特指跑进篮筐下的区域直接投篮。上蓝在快速进攻中经常使用，因为距离篮筐近，对命中率的要求也较高。

勾手投篮

◎应对个高的防守队员时有效

钩手投篮是侧向投篮的一种投篮方式，特别是在应对个子高的防守队员时很有效。移动过程中，单脚起跳，以"移动勾手投篮"为代表，还包括如"起跳勾手投篮"等多种动作。不过所有的勾手投篮都是单手投篮，注意在起跳过程中始终保持正确姿势。

3　练习时应注意的点

◎应时刻注意"球的触感"

投篮当然是以投中为目的，为了达到这一目的，投篮时的"球的触感"非常重要。每个人"球的触感"都不同，都是自己的一种感觉。评价"球的触感"是好是坏，主要看投篮速度和投篮时篮球如何旋转。恰

当的球速是在中等距离投篮，起跳落地时篮球刚好通过篮筐。合适的旋转的判断标准则是，篮球入筐时没有较大的跳跃，或者入筐时篮球网被弹起来。当然，笔直地将篮球投出去是成功投篮的前提。教练应时刻确认球员投篮时的姿势。

技术解说 **跳投**

双眼注视篮筐

胸前持球

投篮足（和投篮时发力的手的同侧脚）的脚尖和篮筐正对。

膝盖微曲，身体前倾，准备跳跃。

STEP 1 胸前持球，身体略微前倾。

手腕和肘部均呈直角。

辅助手只起到支撑辅助作用，不用力。

篮球不遮挡视线。

注意投篮手（投篮时发力的手）的肘部不要过于向外，手腕要在投篮线上。

STEP 2 将球举至额头，向正上方跳跃。

技术解说 **在脑中形成"投篮线"，并沿线笔直地投球**

　　跳投在比赛中运用频率最高，也有很多的练习和指导方法。然而，所有的方法都有一个重要的共通点，那便是篮球应笔直地飞向篮筐。要始终在脑中形成"投篮线"（55页），在投球时不要晃动。

　　投篮成功与否与对距离的感知息息相关，而这只能依靠球员自己的感觉。为了不断地磨练对距离的感知，要实际练习投篮。参考本书的说明一起来练习投篮吧！

跳到最高处时投出篮球。

伸直手臂，甩腕使球下旋，手指用力投出篮球。

注意手臂伸直的速度和投篮时的距离无关，是恒定的。

向正上方跳跃。

STEP 3 在跳到最高点时向前笔直地投出篮球。

不要将篮球再拉至身体后侧，将球举过头顶后直接投球。

在篮球通过篮球网的位置之前，不要放下投篮手。

双脚落在起跳时的位置。

STEP 4 双脚自然落地。

教练笔记　跳投中，和笔直地将球投出一样重要的是对距离的把握。即使沿着投篮线笔直地投出球，篮球准确地落入直径只有45cm的篮筐内也是非常难的。

投篮距离的微调整需要靠手指用力使球旋转，然而在距离较长的情况下则需要利用脚的力量。

因此，为了准确地投篮，投篮时膝盖和腰要略微前倾。

重要！

技术解说 **双手投篮**

投篮线是鼻尖和篮筐中心的连线。

双手持球，手指指向上。

手腕微曲持球。

注意不要将球倾斜至身体后侧。

双脚指尖指向篮筐方向。

STEP 1 胸前持球，双眼直视篮筐。

STEP 2 双手姿势不变，向上举球。

技术解说 利用上臂的拧力使球下旋

"双手投篮"是两只手一起用力投篮的方法，也叫做"两手投篮"，在女性球员中经常被使用。

和"跳投"（56页）一样，笔直地投出篮球很重要，为了达到这一点，要在脑中时刻形成"投篮线"（55页），身体正对篮筐。利用手臂向内的旋转力投出篮球，要保证篮球的下旋。

使球下旋。

球心向着篮球筐中心推出，两手的食指用力投出篮球。

手臂随动呈双手手背相对的姿势。

篮球经过球网位置之前，一直保持手臂随动姿势。

STEP 3 动作不要有停顿，一连串的动作后顺势投出篮球。

STEP 4 投出篮球以后双臂仍有自然随动。

教练笔记 女性球员在进行投篮时，常常膝盖过于弯曲，为了避免这样，投篮时要想象跳绳的姿势，投篮的膝盖弯曲程度和跳绳时的弯曲程度近似。

另外，不仅仅是投篮，要成为一名优秀的球员，强健的躯干力量也是必不可少的。利用自身重量的训练可以不受器械的约束，所以女性，或是小学生、中学生的球员可以参考第八章，对躯干力量进行强化。

▲女性球员要强化躯干力量。

技术
解说

上篮

注意保持手中篮球。

STEP 1 跑步过程中顺势踏出第一步。

STEP 2 双手持球，踏出第二步。

技术解说　尽量向高处跳后投球

"上篮"是在篮筐下投球的一种方式。这里，我们要介绍最基础的上篮方式，跑步上篮。

在跑步上篮中，要利用跑步的惯性和力量，左右腿交换踏出然后跳跃（也叫做"跑跳步"）。其中要点是尽量跳得高，腰部要有意识地向上提起，然后跳到最高点的同时，手指用力旋转篮球，并将球投出。

要注意跳起在半空中时也要保持姿势。

将球从下举起。

迈出第二步后，另一侧的腿抬起，大腿平行于地面。

旋转篮球的同时手指用力投出。

不要跑到篮筐下再起跳。在练习中最好自己接住投中的从篮网中落下的球。

腰部有意识地向上提起。

STEP 3 双眼注视篮筐，不要移开视线，同时将球举起。

STEP 4 在跳跃到最高点时旋转球的同时将球投出去。

教练笔记
跑着上篮的投篮方式是可以做到不碰到篮板直接进球的，但是首先要求稳。应该先练习使用篮板的上篮方式。其练习要点有两点，一点是要使球旋转，另一点是要砸到窗口（篮板内用白线画出的长方形）的左右竖线框。

▶ 使用篮板时要学会利用篮板内用白线画出的长方形的竖边。

如果从左侧上篮，应以c线作为目标。　如果从右侧上篮，应以b线作为目标。

技术解说 **移动勾手投篮**

视线直指篮筐。

注意保持手中篮球。

跑步过程中顺势踏出第一步。

双手持球，踏出第二步。

技术解说 **面对身材高大的防守队员时有效的侧面投篮**

"勾手上篮"是侧面对着篮筐，单手控制球并投篮的一种在比赛中使用频率很高的方式。特别是在防守队员个子很高时，"跳投"（56页）容易被拦截下来，使用"勾手投篮"则会很有效。因为勾手上篮利用肩宽便于突破防守。

移动勾手投篮是在跑步中单脚起跳的投篮方式。注意在投篮时，不持球的那只手也要充分利用，和地板平行，抬起的大腿应抬至和地板平行位置。这样有利于在空中保持良好的身体平衡。

使球下旋。

手指用力投出。

不持球的手放在胸前，手臂同地板平行，以保持全身平衡。

投篮时手臂向正上方伸直，利用腕力将球投出。其动作就像手臂贴着耳朵一样。

持球手臂不需要挥出一个大圆，尽量靠近身体，和地面垂直着将球举起。

迈出第二步后，另一侧的腿抬起，大腿平行于地面。

身体自然旋转。

STEP 3 双眼注视篮筐，不要移开视线，同时将球举起。

STEP 4 在跳跃到最高点时，在旋转球的同时将球投出去。

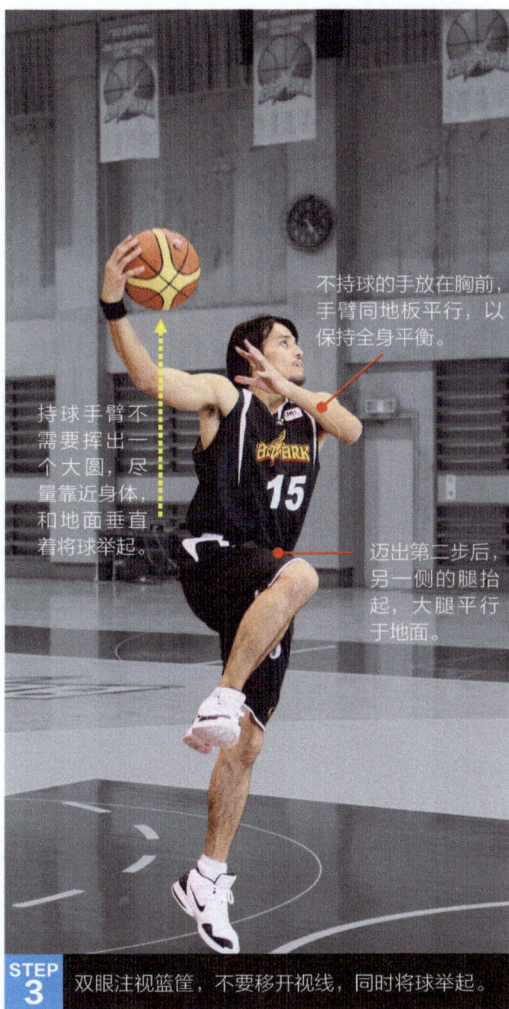

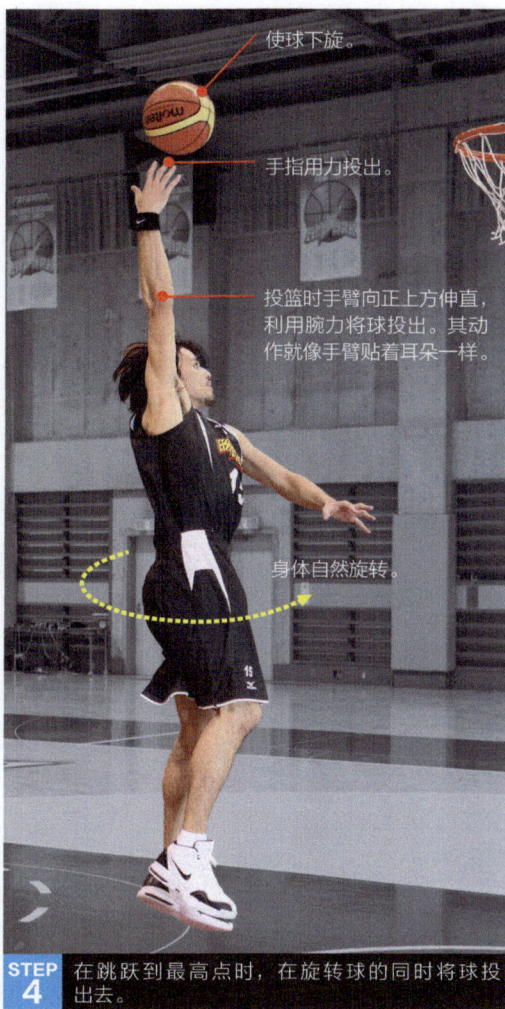

教练笔记 移动勾手投篮时，要尽量跳高，上体自然旋转。该动作完成的是否正确，其基本标准是在落地后，身体和双脚脚趾是否正对篮筐。落地后身体不要再向前冲，要注意检测是否保持了良好的身体姿势。

▶ 双脚落地时指尖要正对着篮筐。

基本动作

投篮

背打

运球

传球

篮板球

1对1

协调性

技术
解说

起跳勾手投篮

辅助手侧的肩膀指着
篮筐正中心。

STEP 1 身体侧对着篮筐。

手臂尽量
垂直上举。

STEP 2 准备起跳，身体重心下移，同时将篮球举向正上方。

技术解说 **手臂垂直地上举投篮**

　　"起跳勾手投篮"和"移动勾手投篮"（60页）一样，都是身体侧面对着篮筐，但是和跑步上篮不同，"起跳勾手投篮"要求两脚蹬地向正上方跳起投篮。这种投篮方式是在篮筐下面对身材高大的防守阻拦的情况下经常使用的有效"武器"。

　　持球手臂如果像画圆一样举起篮球，则易造成身体平衡被打破，因此要记住手臂垂直上举投篮。

使球下旋，手指用力投出。

向正上方起跳。

STEP 3 在起跳的同时，持球的手臂伸直。

STEP 4 手指用力，旋转篮球，使篮球看起来像是在手掌中旋转一样，投出。

教练笔记
起跳勾手投篮时，身体的侧面正对着篮筐。这是在面对对方防守阻拦时，利用自己的肩宽，可以在距离防守较远的地方持球并投篮。另外，和移动勾手投篮中身体旋转相比，起跳勾手投篮是向正上方起跳，身体不旋转，落地时仍是侧面对着篮筐。

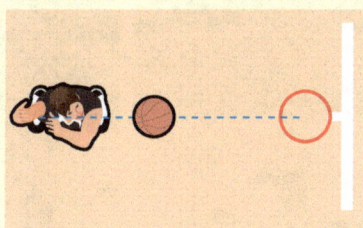

▲篮筐正对着身体的侧面。

跳投

练习
029

掷球出手

重要度 ★

难度水平 ★

场地 任意

目的 掌握单手的"跳投"（56页）时的持球方法。在惯用手投掷球的过程中，感受另一侧手的状态。

同跳投一样的持球姿势，撤回惯用手，如果篮球自然下落则说明姿势正确。

练习步骤

① 体前持球，用"跳投"时的持球方式持球。
② 惯用手撤回，观察篮球是否自然下落。

教练笔记 撤回惯用手后，如果篮球自然下落则说明姿势正确。如果篮球没有自然下落，则说明辅助的手的小拇指和无名指在下面托着篮球。这不仅阻碍了投篮，还使篮球难以下旋。

跳投

练习
030

魔术手法

重要度 ★★

难度水平 ★★

场地 任意

目的 本练习的目的是为了确认投出去的篮球是否下旋。要养成中指和食指作为顶点（手指内容见54页）用力投出篮球的习惯。

摆出面对篮筐投篮的样子投掷篮球，确认投出去的篮球是否在下旋。

练习步骤

① 体前持球，用"跳投"时的持球方式持球。
② 摆出面对篮筐投篮的样子向正上方投掷篮球，并观察确认投出去的篮球是否在下旋。

教练笔记 手指指向篮筐的同时，将球向正上方投掷，这样做可以确保篮球最后离开的是手指而不是手掌。在"跳投"中，这种感觉非常的重要。

重要度 ★★
难度水平 ★★
场地 任意

基本动作

投篮

背打

运球

传球

篮板球

1对1

协调性

练习 031

面对面投球

目的 本练习的目的是为了投篮时将球笔直地投向篮筐。通过练习可以记住前臂、大臂和用腕力时手的动作和感觉。

在这种情况下，罚球线就是投篮线（55页）

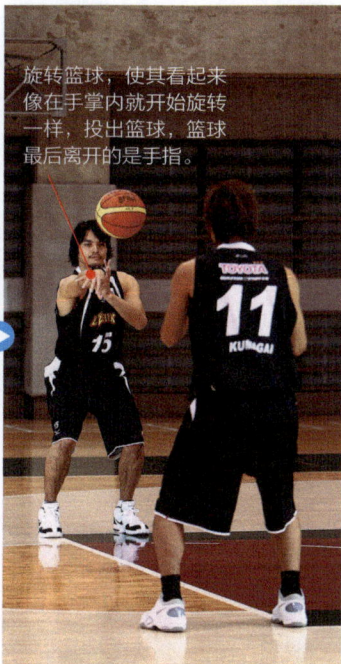

如果是利用罚球线的话，比对着罚球线，确认篮球运动轨迹是否在一条直线上。

旋转篮球，使其看起来像在手掌内就开始旋转一样，投出篮球，篮球最后离开的是手指。

瞄准对方，根据"跳投"的要领向对方投出篮球。

练习步骤

① 两人面对面，一人手持球。间隔4米左右（站在罚球线的两端即可）。

② 单手向对面投球。

教练笔记 如果是右利手的情况，右脚的大脚趾和第二个脚趾中间夹着罚球线，右腿膝盖、右侧腰、右肩、右臂手肘和右手手腕呈一条线。然后手腕弯曲，篮球的后方全部包裹在手掌内，手指指向上方，用手掌、手指整体将球推出。推出时，旋转篮球，使其看起来像在手掌内就开始旋转一样。还要时刻记住，篮球最后离开的是手指而不是手掌。

变式组合

篮球轨迹的抛物线更高

开始时要注意观察投出篮球的轨迹是否是直的，这时可以像上面的图里所示，篮球投出不必太高，轨迹和地面平行即可。而左侧图中所示的篮球轨迹呈抛物线，这更接近真实比赛时的投篮，要时刻注意篮球最后离开的是手指而不是手掌，这样有助于抛物线轨迹更高。

跳投

对墙投球

重要度 ★

难度水平 ★★

场地 **有墙壁的地方**

目的 通过面向墙壁单手投球训练，可以锻炼投球时将球笔直地向目标投去。

▎距离墙壁约3米距离，正对墙壁站立。

练习步骤

① 持球面向墙壁站立。和墙壁距离约3米。墙壁上在球员眼睛高度的位置上用胶带等方式做一个标记。

② 面向墙壁（标记），单手投球。

旋转篮球，使其看起来像在手掌内就开始旋转一样，投出篮球，篮球最后离开的是手指。

▎手臂伸直推出篮球，篮球最后离开的是手指而非手掌。

变式组合

在投出球以后，可以确认一下投球的前臂是否在自己和标记的目标连成的直线上。同时，要仔细确认该墙壁是否适合投掷篮球之后再开始练习。

教练笔记 和"面对面投球"（67页）一样，要时刻注意保持正确的投球姿势。篮球后部整体包裹在持球手的手掌、手指内，另一只手在侧面支撑着篮球。然后向前推球，手肘完全伸展开，使用腕力，旋转篮球，使其看起来像在手掌内就开始旋转一样，投出篮球，篮球最后离开的是手指。可以和魔术手法做对比练习。

跳投

练习
033

罚球

重要度 ★★★

难度水平 ★★★

场地 **油漆区**

目的 正如其名，通过练习，在实际罚球时，其命中率可以提高。从持球到投出，一系列的动作每一步都很重要，要牢记心中。

持球在罚球线站立。

辅助手（不投篮的那只手）只起辅助作用，不用力。

紧紧注视篮筐。

将篮球向正上方举起。

手臂伸直，手腕用力使篮球下旋，从指尖投掷出去。

伸直手臂投篮。

篮球经过球网位置之前，一直保持手臂随动姿势。

投出篮球以后双臂仍有自然随动。

练习步骤

① 持球在罚球线站立。
② 将篮球举至额头。
③ 单手将篮球投出。

给球员的建议

罚球时按照自己的节奏投球，成功率会提高。为了提高命中率，要养成个人习惯，到投出去球为止所有的步骤都要规范化。比如可能有这样的习惯："篮球在地板上弹跳两次后再投篮"、"先使篮球下旋弹出，返回手中后接住再投篮"等。可以在多次练习中找到自己熟悉的方式，并使之成为习惯。

▲ 使篮球落地、弹起也是习惯的一部分。

教练笔记 罚球是因对方球员犯规得到的投球机会。在罚球线投篮时，不会受到对方防守的阻拦，同时不需要跳起来，除此之外，手腕的使用方法与要领和"跳投"（56页）一样（可参考58、59页的双手投篮练习）。

跳投

练习 034

擦板投篮

投篮

目的 擦板投篮就是击中篮板的投篮。为了提高其命中率要和篮板夹角45度左右投篮。

背打

投篮时瞄准篮板

运球

练习步骤

① 持球站在和篮板夹角约45度的地方。

② 目标为篮板，投篮要领同"跳投"（56页）。

③ 捡起落地的篮球后到另一边的与篮板夹角45度左右的地方继续投篮。

传球

篮板球

持球站在和篮板夹角约45度的地方，目标为篮板，投篮要领同"跳投（56页）"。

篮球经过球网位置之前，手臂动作保持不变。

教练笔记 和不需要篮板的"空心球"一样，在进行擦板投篮时，篮球的下旋也非常重要。通过对旋转篮球的方法的微调整，可以控制球击中篮板后的弹跳。从左右两侧擦板投篮，可使篮球轻柔地砸到篮板。

给球员的建议

▲ 目标锁定在篮板上正方形竖边的上半部分。

无论是正对着篮筐还是斜对着篮筐，不借助篮板直接投球是基本投篮方法。但是如果在和篮板倾斜45度左右角度的情况下，"擦板投篮"的方式命中率更高。值得注意的点是，在进行擦板投篮时目标要定为篮板上正方形竖边的上半部分。

1对1

协调性

跳投

跳跃投篮

重要度 ★★

难度水平 ★★

场地 油漆区

目的 该练习的目的是在跳跃投球的过程中，即使在空中也能保持良好的姿势。能否保持良好平衡落地，是检验是不是有良好的空中姿势的方法。

▌ Ⓐ像跳绳一样小幅度连续跳跃。

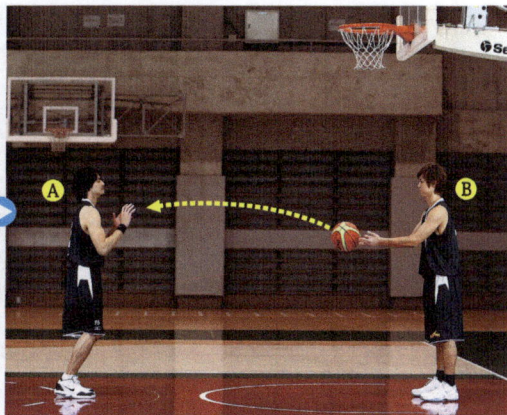

▌ A跳3、4次以后，B把球传给A。

这里持球落地也可以。

▌ 接球后也保持原节奏跳跃。

▌ 找准时机投篮。

练习步骤

① 两人一组练习。将要投篮的球员Ⓐ在篮筐附近容易投中的地方站立，传球球员Ⓑ在篮筐下站立。

② Ⓐ像跳绳一样小幅度连续跳跃。

③ Ⓐ跳3、4次以后，Ⓑ把球传给Ⓐ。Ⓐ接过球以后保持原有节奏跳跃投篮（这时不必考虑走步犯规问题，持球落地也可以），保持同样节奏跳跃，并找准时机投篮。

④ Ⓐ不断重复投篮，1次最好连续练习投篮10次或投篮1分钟。

教练笔记 能够连续有节奏地起跳本身，就是保持良好跳跃空中姿势的有力证明，展示了良好的身体平衡。因此，在该练习中要有意识地保持连续跳跃，经常练习可以塑造正确的空中姿势，保持良好的身体平衡。

跳投

高处跳跃投篮练习

重要度 ★★★★

难度水平 ★★★

场地 **油漆区**

目的 通过从高台上跳下并投篮，可以记住"跳投"（56页）时膝盖、脚踝的动作和发力方法与感觉。

■ 持球在高台上站立。

■ 从高台上跳下。

练习步骤

① 在距篮筐较近的地方放置一个30cm左右的台子，站在上面持球。
② 从高台上跳下。
③ 落地后迅速起跳投篮。反复练习10次。

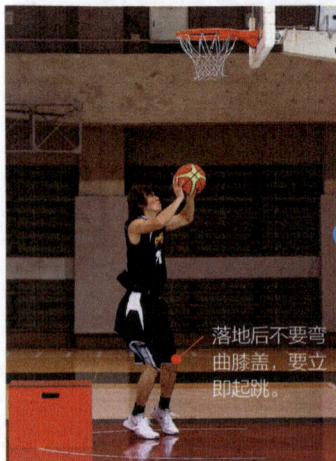

落地后不要弯曲膝盖，要立即起跳。

■ 落地后迅速起跳。

■ 顺势起跳投篮。

给球员的建议

在高台上跳多高都可以。这项练习并不需要做太多次。要注意落地后不要弯曲膝盖，立即起跳。落地时对身体的冲击力比较大，因此一定要在充分热身训练之后再练习。

教练笔记 在实际比赛中经常会遇到在空中接球，落地瞬间快速起跳投篮的情况。本练习有助于记住并掌握这种情况下身体的感觉与动作，同时也可以增强弹跳力，也有不少球员单纯为了增强弹跳力花时间训练的，但是如果练习过多容易造成膝盖和脚踝的损伤，所以要特别注意。小孩子骨头较软可以不用过多练习该动作。

跳投

练习 037

高处跳跃投篮练习

重要度 ★★★★

难度水平 ★★★

场地 油漆区

目的 本练习可以增强在跑步时停止的技巧，并且可以提高在篮筐下投篮的准确性。因为需要在一定长的时间内持续练习，也可以锻炼持久力，减少投球失误。

▌在篮筐下"跳投"。

▌投篮过后转身跑向罚球线。

▌踩到发球线后，迅速转身跑回篮筐下。

▌拾球后再次"跳投"。

练习步骤

① 在篮筐下"跳投"。

② 投篮过后转身跑向罚球线。

③ 踩到发球线后，迅速转身跑回篮筐下。

④ 拾球后再次"跳投"。整个过程时间控制在30秒以内。

教练笔记 数一共投中多少球可以增强干劲，提高成就感。在篮筐下投球，看起来是很容易的一件事，但从跑步变为静止后随之"跳投"，绝不是这么容易的。通过仔细观察，在该练习中经常可以看到姿势不稳定，背部拱起，出现驼背的现象。因此要时刻记住在跳跃过程中也要保持姿势的正确。

跳投

机关枪投篮

重要度 ★★
难度水平 ★★★★
场地 半场

目的 在同一位置连续地像机关枪一样"跳投",这样可以提高投篮命中率。为成功投篮计数,像做游戏一样地练习。

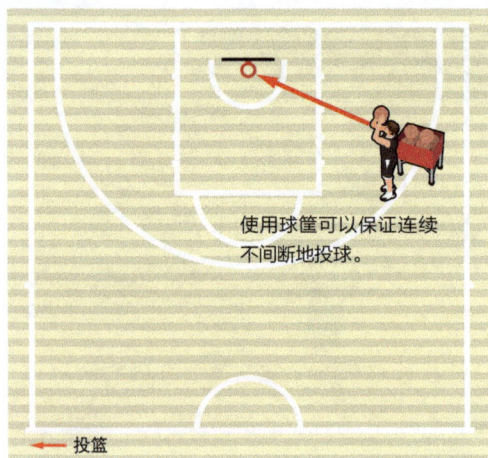

使用球筐可以保证连续
不间断地投球。

← 投篮

练习步骤

① 根据队员水平在场上任何地方进行练习。为了可以不间断地投篮,可以使用球筐,或者有队友帮助传球。

② 练习时队员要在同一位置不间断投篮1分钟。

教练笔记 1分钟内投中目标数为16球,因此要求队员快速投篮。经过这个练习,可以逐渐把投球的姿势固定下来形成习惯。要事先准备足够数量的篮球,篮球之后再捡。

跳投

六位投篮

重要度 ★★
难度水平 ★★★
场地 半场

目的 站在距离篮筐3~4米的位置投篮,可以提高中等距离投篮命中率。对于篮筐来说,投篮有很多的方向,所以经过该练习,从不同方向的投篮命中率都会有所提高。

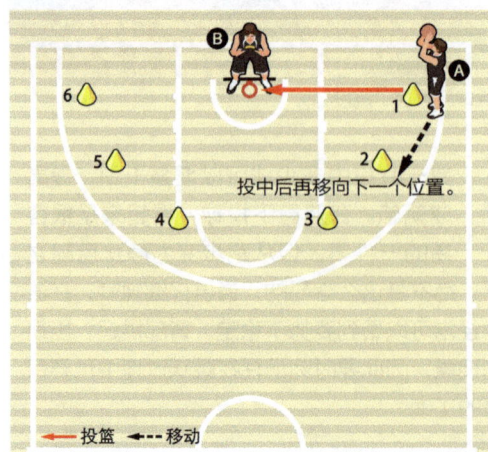

投中后再移向下一个位置。

← 投篮 ◄-- 移动

练习步骤

① 如左图所示,在球场内标记6个位置。投篮球员Ⓐ先在标记1处投篮。球员Ⓑ在篮筐下,接住反弹的篮球后再把球传给A。

② Ⓐ在标记1处投篮后移动到标记2处。如此重复直至标记6处。

教练笔记 标记1、6;3、4不投向篮板,而标记2、5砸向篮板。

跳投

重要度 ★★

难度水平 ★★★

场地 **半场**

世界冠军争夺赛

目的 该练习通过两人互相竞争，在不同的位置投篮，可以提高投篮的命中率。在紧张的比赛氛围下进行练习，也可以培养争夺胜利的竞争心理。

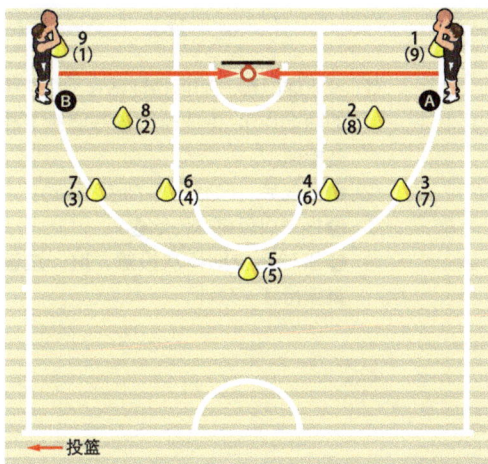

练习步骤

① 如左图所示，在场内标记9处位置。队员Ⓐ在标记1处，Ⓑ在标记9处持球站立。

② A从标记1开始，按照从1到9的顺序依次投球，投中后才能到下一位置继续投球。自己捡球。Ⓑ同Ⓐ相反，从标记9开始到标记1的顺序投篮。

教练笔记 9处标记都在3分球线内也可以。可以根据球员的水平、特点或者目的，改变练习的内容。

跳投

重要度 ★★

难度水平 ★★★

场地 **半场**

多位置投篮

目的 提高包括三分球线在内的各个位置的投篮命中率，有助于成为"投篮全能手"。

练习步骤

① 如左图所示，在球场内标记12个位置。投篮球员Ⓐ先在标记1处投篮。球员Ⓑ在篮筐下，接住反弹的篮球后再把球传给Ⓐ。

② 在每处完成规定的投篮数以后（如规定每处都投中5球），移到下一个位置。从1到12为止。

教练笔记 在每处都要完成规定的投篮数，通过记录每处各投了多少次，可以知道自己擅长和不擅长投篮的位置。

跳投

练习 042

重要度 ★ ★ ★
难度水平 ★ ★ ★ ★
场地 **油漆区**

从肘区到肘区

目的 ▷ 在肘区投球属于中等距离投球，需要较高的个人技术水平。该练习模拟真实比赛中移动时接球、投球，可以提高篮球命中率。

在肘区（罚球线的两端点）投篮。

← 投篮

练习步骤

① 投篮球员 A 在肘区持球站立（罚球线的两端点），传球球员 B 在篮筐下准备接球。
② A 投篮后，向另一侧的肘区移动。
③ B 捡球以后将球传给 A。
④ A 接球后立即再次投篮。这一过程重复持续一分钟。

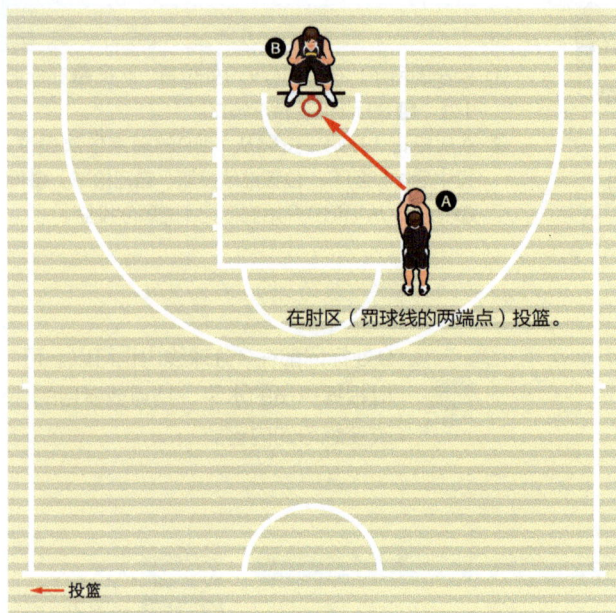

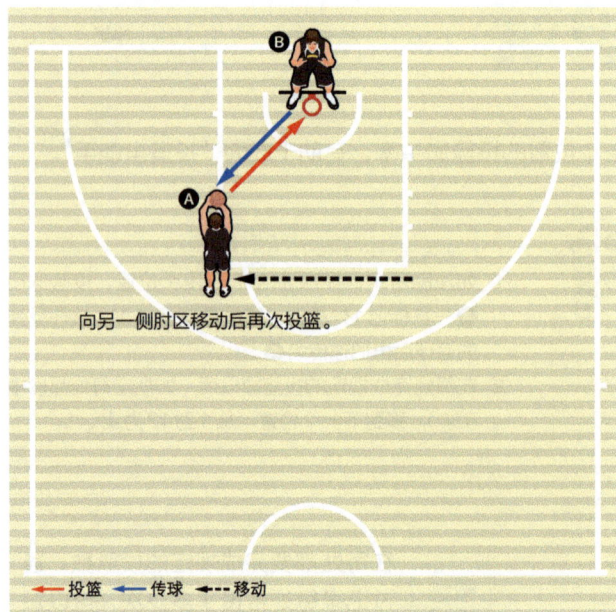

向另一侧肘区移动后再次投篮。

← 投篮 ← 传球 ◄--- 移动

给球员的建议

该练习可以锻炼到在比赛中球员必须掌握的一系列的技术："移动"—"起跳在空中接球"—"投篮"等。在没有形成习惯之前，不要一味追求速度，要慢慢地把每一个动作都正确地完成。

教练笔记 在两人一组的投篮练习中，本项练习是最基本的。在尝试很多其他投篮练习之后，仍然找不到感觉，则可以尝试"肘区到肘区"这样的基础练习。在比赛之前也可以用这样的基础练习来练手。

伙伴传球练习

重要度 ★★★★
难度水平 ★★★★
场地 油漆区

目的 和刚才介绍的"从肘区到肘区"的练习一样，也是在同样的区域内投篮的练习。另外，也可以提高身体协调能力。

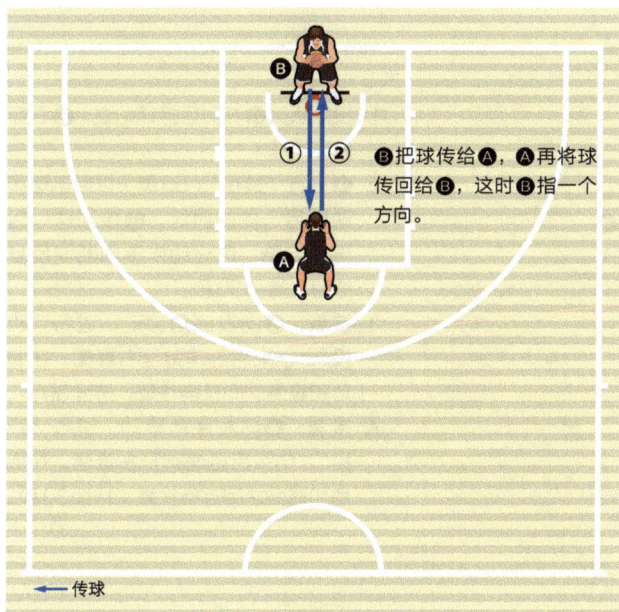

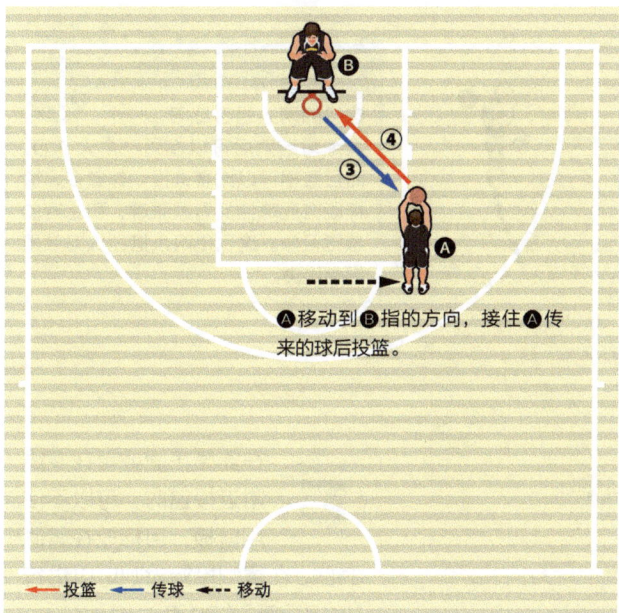

① ② Ｂ把球传给Ａ，Ａ再将球传回给Ｂ，这时Ｂ指一个方向。

← 传球

Ａ移动到Ｂ指的方向，接住Ａ传来的球后投篮。

← 投篮 ← 传球 ←-- 移动

练习步骤

① 投篮队员Ａ站在罚球线中央，传球队员Ｂ在篮筐下等待传球。

② Ｂ将球传给Ａ。

③ Ａ将球传回给Ｂ之后，Ｂ用手指一个方向，这是Ａ将要移动到的位置。

④ Ａ根据Ｂ的指示向肘区移动，接从Ｂ传来的球后再次投篮。整个过程不间断重复1分钟。

变式组合

为投中的球计数可以提高球员练习兴趣。本练习名字"伙伴"是英语中"搭档""对手"的意思。这样同搭档一起进行的练习是非常有效率的，而且还可以互相提出缺点和改善意见。

教练笔记 这个练习的一个要点是，接球时可以有效地使篮球停下。这里可以参考我们之前介绍过的"跳停"（22页）和"直停"（23页）等停止方法。对于右利手球员来说，从右腿改成左腿的"直停"非常难，因此要多加练习，熟练这一系列的动作。

跳投

练习
044

搭档投篮练习

目的 该练习可以模拟在真实比赛中最常见的场景：移动中接球并投篮，提高其命中率。不仅仅在篮筐正面投篮，通过在不同位置的投篮练习，场上可以投篮的范围被大大拓展。

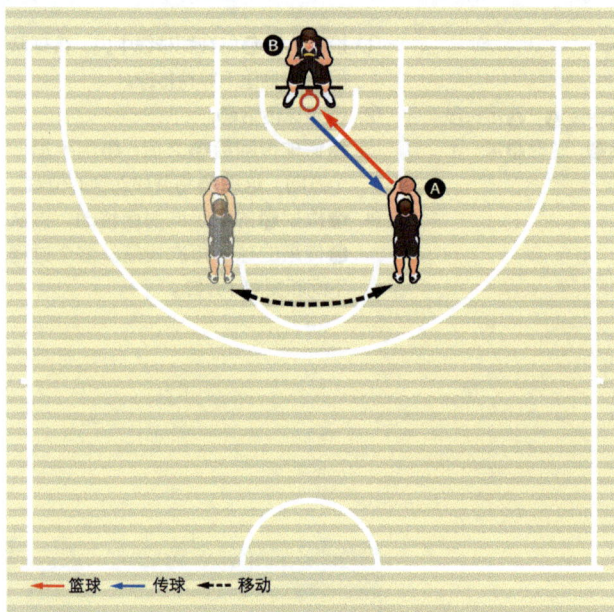

← 篮球　← 传球　◄-- 移动

练习步骤

① 投篮队员Ⓐ在肘区持球站立，Ⓑ在篮筐下捡球。

② Ⓐ进行"跳投"（56页）以后迅速移动到另一侧的肘区。Ⓑ接到球以后再传给Ⓐ。这一动作不间断地反复练习，持续30秒。

③ 接着，Ⓐ向右底角移动，进行"跳投"，结束后迅速跑至右翼侧。在底角和翼侧之间互换往复，持续30秒。

④ 接着，Ⓐ向左底角移动，进行"跳投"，结束后迅速跑至左翼侧。在底角和翼侧之间互换往复，持续30秒。

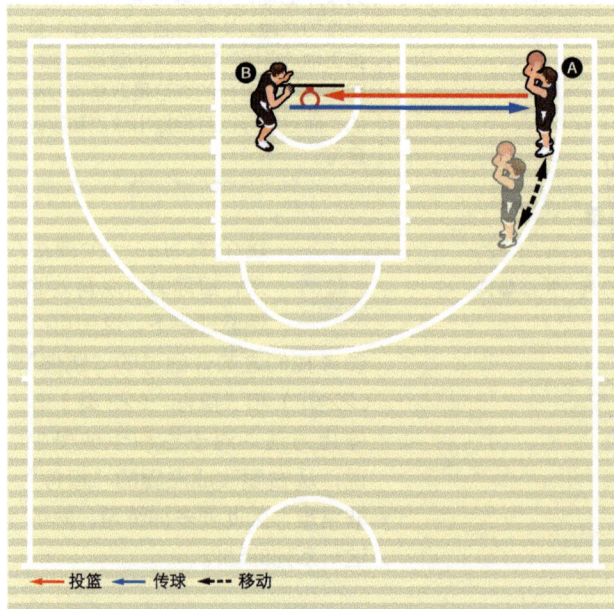

← 投篮　← 传球　◄-- 移动

变式组合

这样的两人组合练习，一个人练习结束后可以换另一个人练习。而且互相可以比赛谁中球数多，这样既有趣味性又有紧张感，和比赛的感觉很像。这也是两人搭档练习效果提高秘诀。

教练笔记 在篮筐正面或者在底线附近投篮时，可以不使用篮板，目标放在篮筐中心。在翼侧投篮时则可以进行"擦板投篮"（70页）。

练习 045

马戏团投篮

重要度 ★★
难度水平 ★★★★
场地 半场

目的 ▷▷

马戏团投篮的练习方法是离开篮筐，在接球的之后立即转向篮筐方向并投球。练习时想象着眼前有对手在防守，时刻注意保持身体平衡。

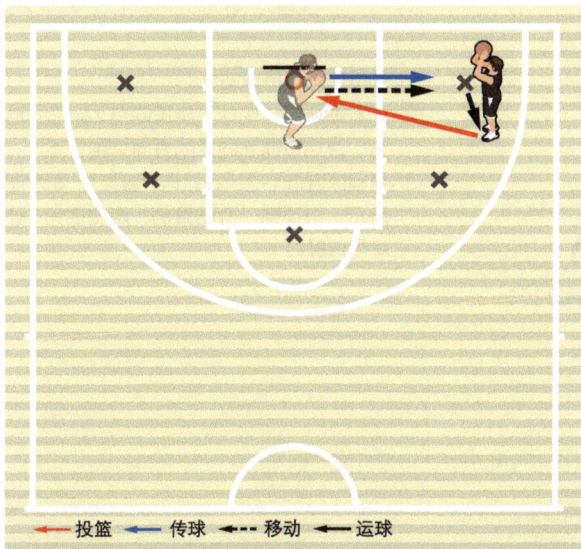

← 投篮　← 传球　←--- 移动　← 运球

练习步骤

① 在篮筐附近持球站立。

② 如左图所示，使球下旋掷向有×标记的地方。之后迅速面向球的方向奔跑。

③ 抓到球后运1~2次球以后"跳投"。如左图所示，有顶部、两侧翼侧、两侧底角5处练习位置。

在篮筐附近，使球下旋掷向有×标记的地方。

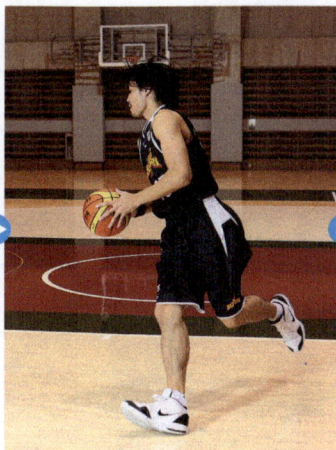

向掷出的篮球跑去，抓住篮球后转身。

运1~2次球以后"跳投"。

教练笔记

在接到球后向篮筐方向转身时，一边用"直停"（23页）的方法一边转身180度，这需要非常强的身体平衡感。如果无法保持身体平衡，或者控制不好身体，就很难做出正确的进攻姿势。要时刻注意重心位置，头部不要上下移动。

跳投

练习
046

三角投篮

重要度 ★★

难度水平 ★★★★

场地 **半场**

目的 接住在篮筐下掷出的球，离开篮筐接球后运球，并立即转向篮筐方向投球。练习时想象着眼前有对手在防守。

到3分球线后转身再进入三分球线内侧。

← 投篮　← 运球

练习步骤

① 在篮筐附近持球站立。

② 如左图所示，使球下旋掷向有×标记的地方。之后迅速面向球的方向奔跑。

③ 抓到球后运1~2次球以后"跳投"。如左图所示，有顶部、两侧翼侧、两侧底角5处练习位置。

到3分球线后转身再进入三分球线内侧。

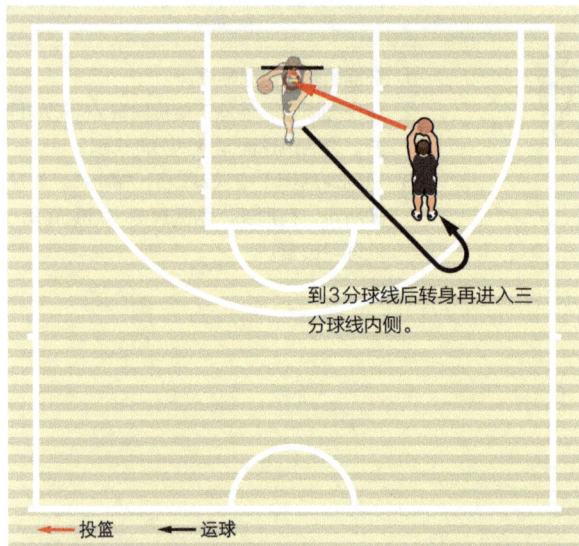

■ 在篮筐下运球。

■ 到三分球线以后转身。

■ 在三分球线内任意的地点跳投。

教练笔记 在运球时突然转变方向，然后进行投篮。除了运球技术以外，良好的身体平衡感也必不可少。另外，稳定的步法也是要点之一。转身时作为轴心的脚不要晃动，以稳定的状态完成转身。这个练习也适合体力锻炼。

重要度 ★★
难度水平 ★★★★
场地 **半场**

基本动作

投篮

背打

运球

传球

篮板球

1对1

协调性

练习 047

60秒投篮

目的 在一定时间内练习投篮，可以提高运球后"跳投"的速度和命中率，有效地锻炼左右手都能运球。

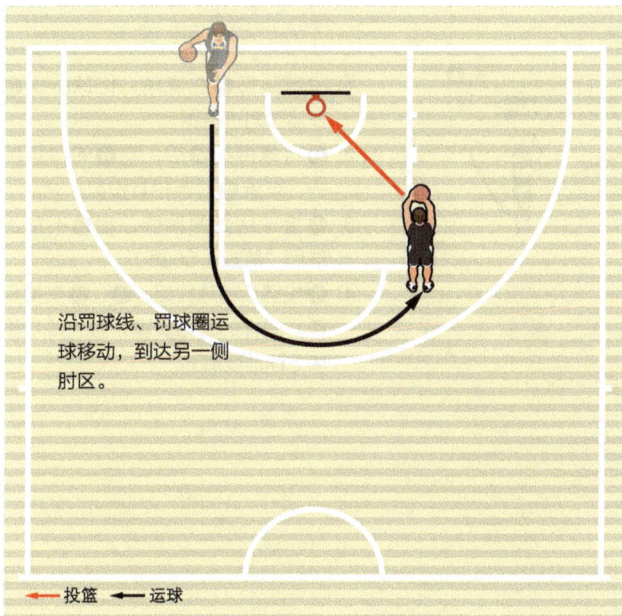

沿罚球线、罚球圈运球移动，到达另一侧肘区。

← 投篮　← 运球

练习步骤

① 在底线和罚球区焦点处开始运球。

② 右手运球沿罚球线、罚球圈移动，到达另一侧肘区以后"跳投"。

③ 捡球后，从另一侧底角开始按同样的方法练习。这时要用左手运球。重复练习60秒。

捡球后，从另一侧底角开始按同样的方法练习。这时要换左手运球。

← 投篮　←-- 移动　← 运球

变式组合

和其他练习通用的一点是，在平时的训练中记录成绩。在本练习中可以记录60秒内投中多少球。这样可以看到自己的水平，并能确认自己不断进步，可以增强干劲和自信。

教练笔记 本练习命中目标为60秒投中13球。为了达到这一目标，运球速度要快，投篮命中率要高。但是，如果过于追求速度，就容易慌乱，导致在运球和投篮时出现大量失误，因此在习惯之前要慢慢来，追求动作的正确性而不是速度。

跳投

练习 048

阻拦进攻 & 进攻投篮

重要度 ★★★

难度水平 ★★★

场地 **半场**

目的 面对阻拦投篮、施加压力的对方防守，使用假动作和其错开位置进行投篮。尽量少运球，快速地找到投篮机会。

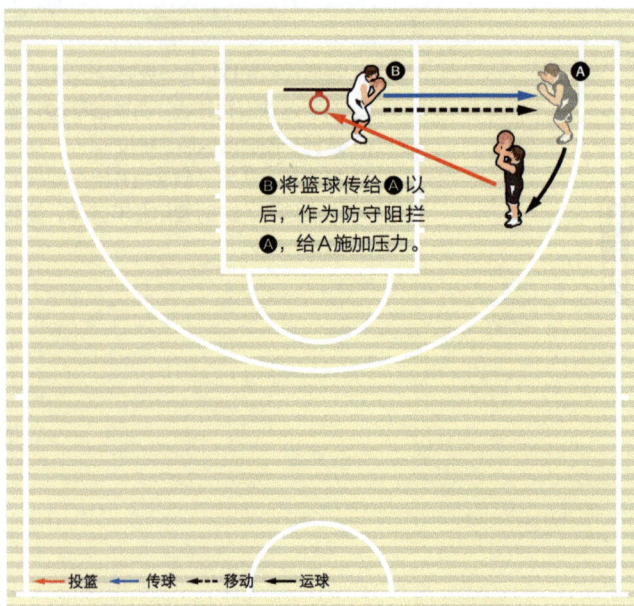

Ⓑ将篮球传给Ⓐ以后，作为防守阻拦Ⓐ，给A施加压力。

← 投篮　← 传球　←-- 移动　← 运球

练习步骤

① 投篮队员Ⓐ在底角，传球队员Ⓑ在篮筐附近持球。

② Ⓑ将球传给Ⓐ后，向Ⓐ的位置跑去，迫近Ⓐ并阻拦其投篮。

③ Ⓐ接球后做假动作，趁Ⓑ不备运球后"跳投（56页）"。

④ Ⓐ投篮后将球捡起，Ⓐ、Ⓑ交换角色。同样的练习步骤。谁先成功投中5球谁就赢。

■ 两人在如照片所示的位置，Ⓑ传球给Ⓐ。

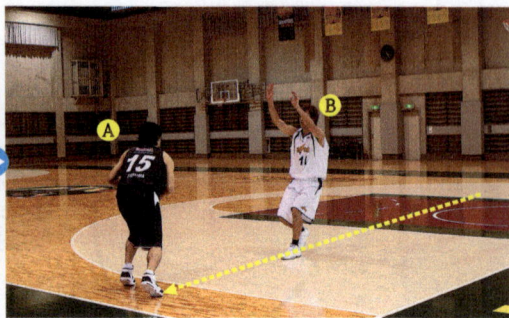

Ⓑ向Ⓐ的方向跑去，防守Ⓐ。Ⓐ接球以后先做假动作，然后运球、投篮。

教练笔记 在该练习中，防守队员不仅仅是阻拦进攻的投篮，还要适当地给进攻施加一定的压力。也就是说，假装是防守，给进攻施加压力。进攻队员运球控制在两次以内，防止被抢夺。

压力投篮

重要度 ★★★★
难度水平 ★★★★

场地 **半场**

目的 "压力投篮"和刚才介绍的"阻拦进攻＆进攻投篮"比较相似，只是防守施加的压力更大，通过应对对手的压力，球员对投篮的判断能力和命中率可以得到提高。

■ 两人在如照片所示的位置，Ⓑ持球。

■ Ⓑ将球传给Ⓐ。

■ Ⓑ向Ⓐ的方向跑去，防守阻拦Ⓐ的投篮。

避开防守投篮（运球最多只能运一次）。

Ⓑ全力防守。

■ Ⓐ接球后"跳投"。

练习步骤

① 投篮队员Ⓐ在底角，传球队员Ⓑ在篮筐附近持球。

② Ⓑ将球传给Ⓐ后，向Ⓐ的位置跑去，迫近Ⓐ并阻拦其投篮。

③ Ⓐ接球后"跳投"（56页），即使运球也只能运1次。Ⓑ像真正比赛一样阻拦Ⓐ的投篮。

④ Ⓐ若投篮成功，则角色不互换，Ⓑ拾球继续重复刚才的练习；如果没有投中，则Ⓐ、Ⓑ互换位置角色，重复练习。这样每次不间断地练习2分钟，并比赛两人在这2分钟里谁投中球数更多。

教练笔记 在面对防守队员的强力阻拦时，进攻者最重要的能力，就是瞬时判断应该直接投篮还是应该运球后再投篮。接球后做"基本姿势"（20页），仔细观察防守对手后迅速做出选择。

跳投

练习
050

270度转体&投篮

重要度 ★ ★ ★
难度水平 ★ ★ ★ ★ ★
场地 油漆区

目的

在罚球线上起跳后转体270度后"跳投"（26页）。在正确地做"跳停"（22页）的同时，保持好身体的平衡，完成"跳投"。

站在罚球线上持球，身体侧对篮筐。

原地拍球数次。

练习步骤

① 站在罚球线上持球，身体侧对篮筐。

② 原地拍球数次。两脚起跳，在空中抓住球后转体，着地时身体正对着篮筐。

③ 迅速地跳投。

在半空中抓住球后旋转身体。

两脚起跳，在空中抓住球后转体。

落地时身体正对着篮筐，迅速地跳投。

变式组合

如果转体时身体平衡把握不好，可以先尝试小一点的转体角度，比如先转体90度，接着尝试180度，最后再练习270度转体。不断地体会转体的感觉，提高自己身体的平衡力。

教练笔记

在空中接球，转体面向篮筐投篮这一技术，在实际比赛中广泛使用。转体后落地，直接进行跳投。

跳投

| 重要度 | ★★★★★ |
| 难度水平 | ★★★★★ |

练习 051

比尔·布拉德雷投球 练习法

场地 **半场**

目的 为投中的球数计数可以提高投篮命中率。这项练习是当年和克林顿总统一起参加美国总统竞选的著名NBA原球员比尔·布拉德雷使用的一种投篮练习方法。是培养集中注意力的有效方法。

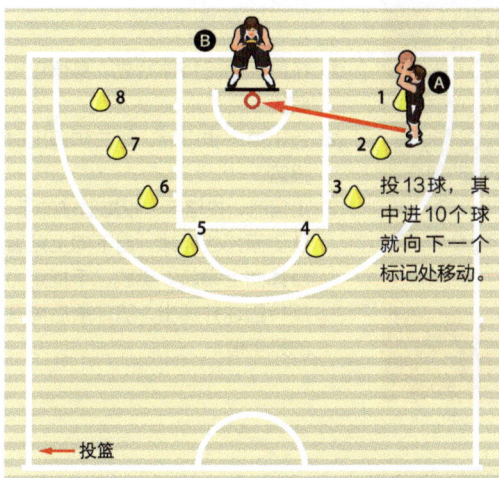

投13球，其中进10个球就向下一个标记处移动。

← 投篮

练习步骤

① 如左图所示，场内设置8处标记。投篮球员Ⓐ先在标记1处持球站立。球员Ⓑ捡球后将球传给Ⓐ（只有Ⓐ一人也可以）。

② 投13球，其中进10个球就向下一个标记处移动。

教练笔记 这是难度系数很高的一项练习，如果能够顺利完成，再挑战更难的，"连续投中10球后再移向下一个位置。"

跳投

| 重要度 | ★★★★★ |
| 难度水平 | ★★★★★ |

练习 052

打败科比

场地 **半场**

目的 本练习名字直译过来就是"打败科比"。想象着和世界篮球巨星科比·布莱恩特对战，这样可以提高投篮水平。

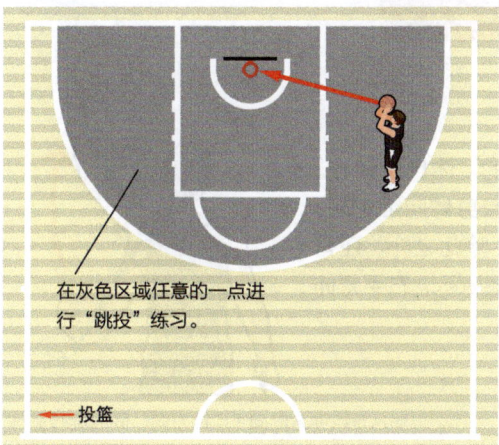

在灰色区域任意的一点进行"跳投"练习。

← 投篮

练习步骤

① 在左图灰色区域的任意一个位置起跳投篮。

② 投中了自己加一分，如果没有投中，给对手科比加两分。

③ 和"对手科比"比一比谁先达到十分。

教练笔记 在这个练习中，只要投篮失误低于四个，就可以取胜。而具体的比分设定可以根据队员水平改变，增加练习的趣味性。

上篮

练习 053

体代旋转球

重要度 ★★★

难度水平 ★

场地 油漆区

目的 在肘区附近持球，面向篮筐，边线侧的手"上篮"，通过该练习要记住篮球下旋方式。

练习步骤

① 在肘区附近持球站立。身体正对底线。

② 迈出第一步以后，第二步迈出时投篮。

③ 上篮时，投篮手（投掷篮球的手）从侧面托住篮球，自下向上贴着身体向上举起。手腕、手指用力旋转篮球并掷出，篮球最后离开的是手指。

双手持球
▌从肘区开始迈出一步。

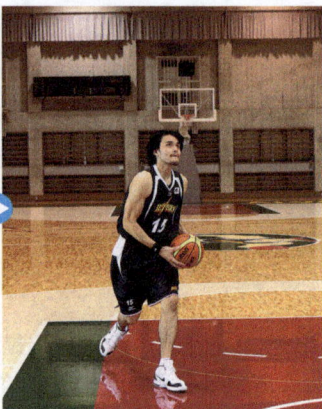
▌有节奏地迈出第二步。

举起球的手的同侧腿抬起，大腿平行于地面，尽量向高处跳。
▌单手举起篮球。

手腕回旋、用力使篮球下旋。
▌使球下旋掷出。

教练笔记 让篮球旋转的方法有很多，本节介绍的"体代旋转球"是单手从侧面托住篮球，自下向上贴着身体向上举起，手腕、手指用力旋转篮球的一种方法。除此之外，还有手臂像时针运动轨迹一样的旋转球的方法。如右图所示，右手臂伸直，从5点钟方向向1点钟方向，同时旋转篮球。

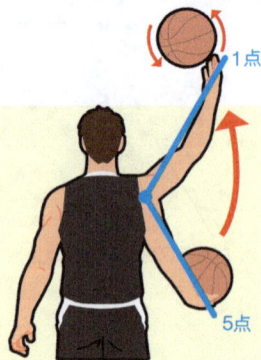
1点
5点
▶从5点钟方向向1点钟方向，同时旋转篮球

反向体代旋转球

重要度 ★★★

难度水平 ★★

场地 **油漆区**

目的 在持球跑时越过了篮筐，可以采用该方法。转身背对底线投篮。练习时我们要注意感受"背打"时旋转球的感觉和方法。

双手持球

从肘区开始迈出一步。

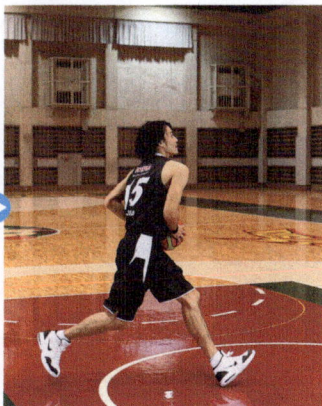

有节奏地迈出第二步。

练习步骤

① 在低位（106页）附近的罚球区持球准备。身体正对着篮筐。

② 迈出第一步后，紧跟的第二步上篮投球。

③ 在经过篮筐之后，高高地举起篮球，伸直手臂用腕力、手指旋转篮球向篮筐投掷。

举起球的手的同侧髋抬起，大腿平行于地面，尽量向高处跳。

单手举起篮球。

手腕回旋，用力使篮球下旋。

着地时背部应正对着底线。

使球下旋掷出。

教练笔记 "反向体代旋转球"也是旋转篮球的一种方法，和之前介绍的"体代旋转球"的手腕动作略有不同，但旋转篮球的感觉是一样的。如果把手臂运动轨迹当作时针旋转方向来看，如右图所示，手臂从7时的指针方向向11时的指针方向转动。

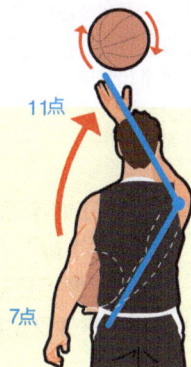

11点

7点

▶ 手臂从7时方向向11时的指针方向转动

上篮

练习
055

钩旋

重要度 ★ ★ ★

难度水平 ★ ★

场地 **油漆区**

目的 通过练习在篮筐附近进行"移动勾手投篮"(62页),记住旋转篮球的方法。要点是将食指和中指作为顶点(54页),篮球最后离开的是食指和中指。

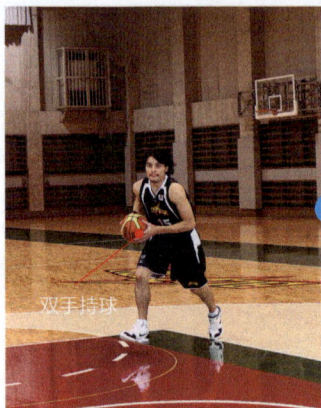

双手持球

从肘区开始,在油漆区斜向迈出一步。

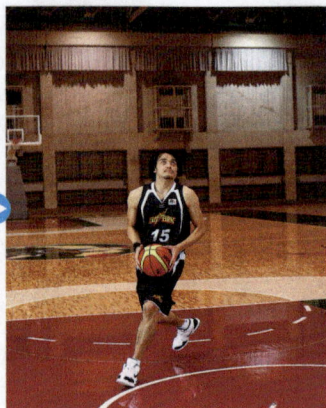

有节奏地迈出第二步。

练习步骤

① 在肘区附近持球站立。身体面向另一侧底角。

② 在油漆区斜向迈出第一步以后,第二步迈出时投篮。

③ 尽量将篮球举高,按照"移动勾手投篮"的要点上篮。

尽量向正上方举起篮球。

投篮手的同侧腿抬起,大腿平行于地面。

单手举起篮球。

手掌正对篮筐,篮球从手指掷出。

投掷球时感觉上臂好像贴近耳朵一样。

使球下旋掷出。

教练笔记 正如字面解释,"钩旋"是移动勾手投篮时旋转篮球的方法。篮球的基本旋转方式"下旋",在不碰到篮板的"空心球"和需要击打篮板的"擦板投篮"中都可以运用。"擦板投篮"的话,要以篮板上四边形的纵线上半部分为击打目标。在投掷篮球时,上臂看起来像是贴着耳朵一样,同时还要注意手掌要正对着篮筐。

上篮

练习 056

篮筐下旋转球

重要度 ★★★
难度水平 ★★
场地 油漆区

目的 跑向篮筐后"上篮"（60页），但是要做到旋转篮球，使投中的球不打篮板不沾球网，直接入筐。

双手持球

从罚球线中间出发，向前迈出一步。

有节奏地迈出第二步。

练习步骤

① 在罚球线中间持球准备。
② 先迈出第一步，第二步迈出时投篮。
③ 举高篮球，并将篮球向身体方向拉，形成下旋。

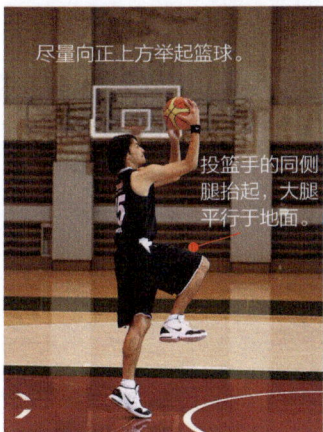

尽量向正上方举起篮球。

投篮手的同侧腿抬起，大腿平行于地面。

单手举起篮球。

使球下旋掷出。

教练笔记 "篮筐下旋转球"是在跑向篮筐的过程中投篮所使用的一种旋转球方法。手掌托住篮球正下方，手指将篮球向身体方向拨动，使篮球下旋掷出。该动作看起来像把篮球放到篮筐内。投中的篮球不打篮板，不沾球网，直接入筐。如果在跑步过程中的投篮始终不成功，可以在静止的状态下，练习用不同的旋转球方法投篮。

上篮

派特运球（直步）

重要度 ★★★★★

难度水平 ★★

场地 **半场**

目的 掌握最基本的得分点的练习。接住其他队员的传球，仔细观察防守的动作，趁其不备，运球至篮筐下"上篮"（60页）。

快速突破B的防守。

■ Ⓐ从底角出发，快速向侧翼跑去。

■ 突破Ⓑ的防守拦截，接住传球。

从罚球线运球至篮筐下。

上半身转体，背部正对防守队员。

■ 确认Ⓑ的动作没有跟上后，向篮筐方向运球。

■ 至篮筐下后上篮。

练习步骤

① 进攻队员Ⓐ和防守队员Ⓑ都在底角处站立，传球队员（Ⓒ或者教练）在罚球区顶部持球准备。

② Ⓐ冲向侧翼，并接住Ⓒ的传球。

③ Ⓐ确认防守Ⓑ的动作没有跟上后，向篮筐方向运球，至篮筐下后上篮。

教练笔记 "派特运球（直跳）"是接下来将要介绍的"派特运球"中最基本的打法。接过传球之后直接向篮筐方向运球。另外在接球时轻轻上跳，脚着地后需要在极短的时间内观察对方防守队员，并作出向哪个方向转身运球的判断。

关于"派特运球"

"派特运球"是美国著名的篮球教练派特·纽厄尔在指导日本队时提出的进攻运球打法。1960年指导了美国队赢得了当年奥运会金牌的派特教练，指导了在1964年奥运会上出场的日本篮球男子代表队，从此以后，日本国内的篮球水平得到了飞跃般的提高。

"派特运球"是在侧翼接球再投篮的练习。但是其要点和在哪里接球关系并不大。无论是在后卫区还是在底角都可以。其基本思想是从其他队员手中接过篮球，运球、投篮，然后把这一系列的动作规范化。

刚才介绍的"派特运球（直步）"可以用下图表示。

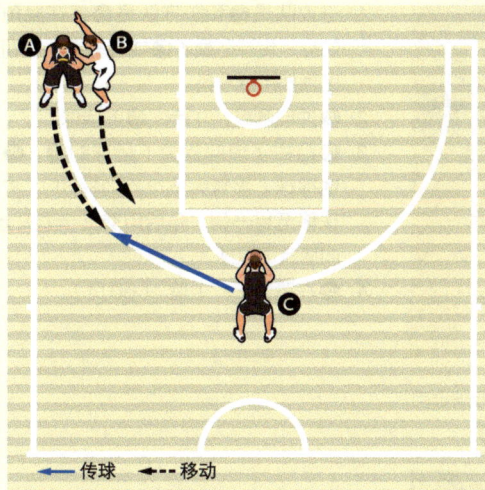

→ 传球　◀--- 移动

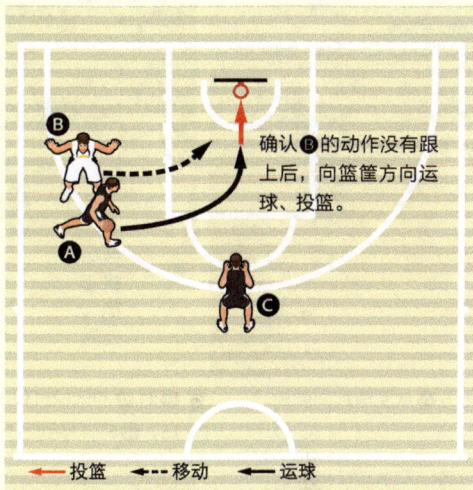

确认Ⓑ的动作没有跟上后，向篮筐方向运球、投篮。

→ 投篮　◀--- 移动　← 运球

接球之前的动作

"派特运球"有很多的变式练习，所有的变式练习都是磨炼进攻队员技巧的不可缺少的有效训练。本书除了介绍"派特运球（直步）"以外，还将介绍5种练习方式。

作为篮球基本的思考方法，为了接住传球，接球队员有四个移动的方向。

① 向篮筐方向。
② 远离篮筐方向。
③ 向传球者靠近。
④ 远离传球者。

派特教练最早介绍的是远离篮筐方向。本书为了便于掌握，更加有助于实践，先从"向传球者靠近"这一方向说起。当熟练掌握这一技巧之后，再逐个练习其他技巧。

◀--- 移动

上篮

重要度 ★★★★★

难度水平 ★★★

练习 058 派特运球（交叉步）

场地 半场

目的 和90页介绍的"派特运球（直步）"一样，派特运球（交叉步）也是运球过程被对方防守阻拦时的应对方式。注意不要被对手看出想要往哪个方向运球。

队员Ⓐ从底角跑向侧翼。

猛挥球，将篮球移至另一侧。

Ⓑ对Ⓐ的运球过程进行防守阻拦，Ⓐ将球移到另一侧。

上半身转体，双脚准备交叉。

在移动篮球的过程中，准备迈出一步。

上半身转体，背部正对防守队员。

Ⓐ迈出第一步后避开Ⓑ，跑向篮筐上篮。

练习步骤

① 进攻队员Ⓐ和防守队员Ⓑ都在底角处站立，传球队员（Ⓒ或者教练）在罚球区顶部持球准备。

② Ⓐ冲向侧翼，并接住Ⓒ的传球。

③ Ⓑ阻拦了想向篮筐下运球的Ⓐ，Ⓐ猛地挥球（手臂大幅度用力挥动），将篮球移至另一侧。随后用交叉步避开Ⓑ，向篮筐下运球。

④ Ⓐ在篮筐下"上篮"（60页）。

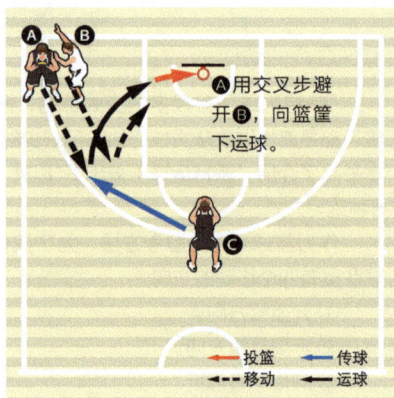

Ⓐ用交叉步避开Ⓑ，向篮筐下运球。

投篮 ←
移动 ◄---
传球 ←
运球 ←

教练笔记 该动作是"派特运球（直步）"的一个变式，是运球过程被对方防守阻拦时的应对方式。手臂幅度用力挥动，改变篮球位置，上身转体，通过交叉步（如果是以左脚为轴，则使右脚交叉，向左侧迈出）避开防守。

练习 059

派特运球（冲撞＆转身）

重要度	★★★★★
难度水平	★★★
场地	半场

目的 对方防守队员阻拦自己的运球过程，这时，向对方方向靠近，撞到对方后转体避开防守，投篮。

向对方身体靠近。

A在侧翼处接球，向篮筐处运球。

B从正面拦住A，A向B靠近，撞到对方以后转体避开。

转身避开防守。

在继续运球的同时突然转身。

避开防守以后上篮。

练习步骤

① 进攻队员A和防守队员B从底角出发，传球队员（C或者教练）在罚球区顶部做好准备。

② A跑向侧翼，接过C的传球，向篮筐方向运球。

③ B从正面拦住A，A向B靠近，撞到对方以后转体避开。

④ A在篮筐下上篮（60页）。

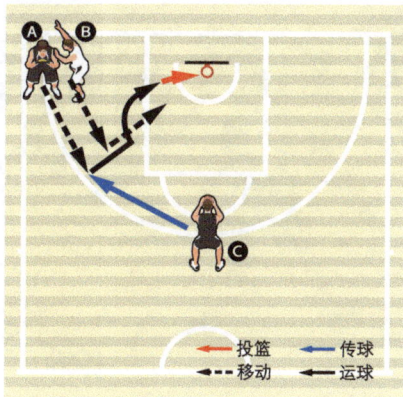

| 投篮 | 传球 |
| 移动 | 运球 |

教练笔记 在运球时受到防守的阻拦，向对方身体方向冲撞一下，也就是"碰撞"，这是非常有效的打法。为了避开对方，快速转身也是必备技能。转身时要注意旋转半径要小，视线转向目标方向。运球时要将篮球调整至正对转体目标方向。

上篮

派特运球（半转身）

重要度 ★★★★★

难度水平 ★★★

场地 **半场**

目的

向篮筐方向运球，先做"冲撞＆转身（93页）"假动作迷惑对方，再转回原来方向避开放手。在实际比赛中必须要能够根据对方的动作迅速判断是否使用该技巧。

练习步骤

① 进攻队员Ⓐ和防守队员Ⓑ从底角出发，传球队员（Ⓒ或者教练）在罚球区顶部做好准备。

② Ⓐ跑向侧翼，接过Ⓒ的传球，向篮筐方向运球。

③ Ⓑ从正面拦住Ⓐ后，Ⓐ半转体。

④ 趁Ⓑ进一步应对Ⓐ的半转体之际，Ⓐ转回原来的方向。

⑤ Ⓐ上篮。

向对方身体靠近

Ⓐ在侧翼处接球，向篮筐处运球。

Ⓑ从正面拦住Ⓐ，Ⓐ向Ⓑ靠近，撞到对方以后转体避开。

头部先转

通过"半转体"避开防守。

身体半旋转

转体并且脸也转向后方，做出要转体的假动作。

趁Ⓑ被假动作迷惑之际，迅速转回原来的方向。

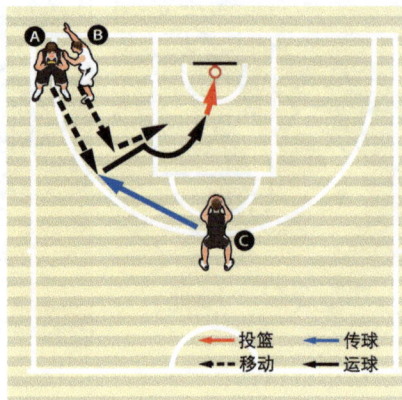

投篮 ←— 传球

◄-- 移动 ←— 运球

教练笔记 在第一次半转身时如果转体幅度过大，就会影响到下一次转体，难以顺利避开防守运球上篮。因此半转体的幅度要小。要点是头部大幅度后转，视线转向身后，这样，防守就误以为要向后转体一周，这样就被假动作迷惑。

重要度	★ ★ ★ ★ ★
难度水平	★ ★ ★

场地 **半场**

练习 061

派特运球（袭步）

目的 派特运球（袭步）是在成功躲避阻拦自己的防守以后，对付其他防守的有效打法。用步幅大、速度快的步法避开其他防守。

练习步骤

① 进攻队员 Ⓐ 和防守队员 Ⓑ 从底角出发，传球队员（Ⓒ 或者教练）在罚球区顶部做好准备。

② Ⓐ 跑向侧翼，接过 Ⓒ 的传球，避开 Ⓑ 向篮筐方向运球。

③ 想像还有其他防守阻拦，起跳接球并在空中完成转体。

④ 着地时顺势投篮。

▌Ⓐ 在侧翼处接球，向篮筐处运球。

用力拍球

▌Ⓐ 用力拍球，迈出步幅较大的一步。

想象还有其他防守阻拦，在空中转体。

跳跃高度不高，但是距离大。

▌起跳接球，在跳跃过程中完成转体。

这里可以"上篮"，也可以"勾手投篮"。

▌着地时顺势投篮。

向远处起跳后投篮。

➡ 投篮 ➡ 传球
◄-- 移动 ◄— 运球

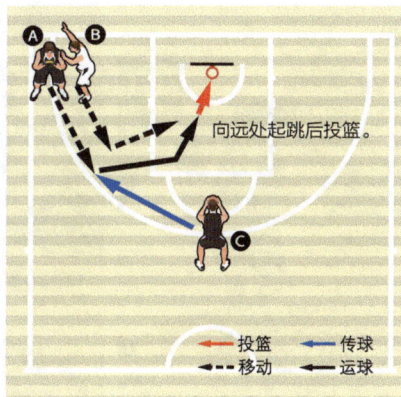

教练笔记 "袭步"是马术竞技中使用的步法。其要点是，在"踏、踏"的节奏下，大幅度、快速地迈出步伐。即使是没有完全避开对方防守，该步法也很有效。要注意从运球到起跳跨步这一环节的节奏不能乱。

上篮

派特运球（止步＆转体）

重要度 ★★★★★

难度水平 ★★

场地 **半场**

目的 比赛中运球上篮时，常会遭到对方防守的拼命反击。这时可以先稳定地止步，迈出一步拉大和防守队员的距离再上篮。

A接球后向篮筐运球。

步幅要大

遇到防守B的阻拦后，用"直停"（23页）的方式止步。

练习步骤

① 进攻队员A和防守队员B从底角出发，传球队员（C或者教练）在罚球区顶部做好准备。

② A跑向侧翼，接过C的传球，避开B向篮筐方向运球。

③ 接近篮筐后还无法突破B的防守，或者预测到B将要阻拦投篮时，可以用"直停"的步法停下。

④ B也随之停下，A转身后"跳投"（56页）。

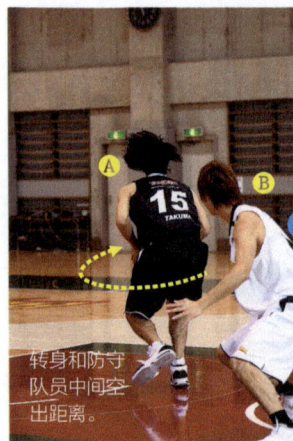

转身和防守队员中间空出距离。

转身和B拉开距离。

顺势投篮。

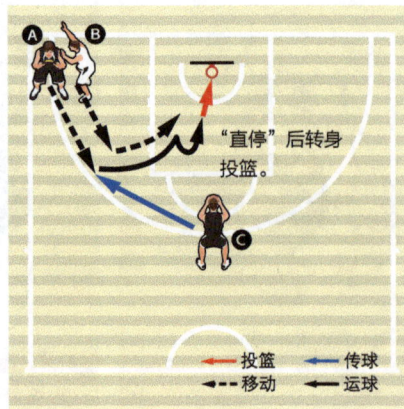

"直停"后转身投篮。

→ 投篮　→ 传球
◄-- 移动　← 运球

教练笔记 派特运球（止步＆转体）的要点是，停止时步伐的步幅要大，将防守向篮筐方向推。另外，能达到拉开和防守队员之间距离这一目的，还可以在止步时向远离篮筐方向迈步。

快速上篮

重要度 ★★
难度水平 ★★★★★
场地 **油漆区**

目的 ▶▶ 快速、连续地上篮练习，可以提高灵活度、敏捷性和投球命中率；同时也有助于增强体力，提高注意力。

▌在肘区持球准备。

只运球1次

▌向篮筐方向运球。

▌上篮。

▌捡球后返回原位置。

练习步骤

① 在肘区持球准备。
② 一次运球后"上篮"。
③ 捡球后返回原位置，重复练习30秒钟。

教练笔记 重复练习，谁都可以掌握"上篮"技术。然而在比赛中，我们经常可以看到"上篮"失误。其原因主要有要在极短时间内完成上篮；经过长时间的比赛，队员容易感到疲劳，注意力不集中等。而"快速上篮"的练习就是让队员在疲劳的状态下提高投球命中率的。本练习的目标是30秒投中9球。

上篮

练习 064

双脚蹬地上篮

重要度 ★★★★★

难度水平 ★★

场地 **半场**

目的 "跳停"（22页）以后，双脚着地投篮，这是迈克尔·乔丹最擅长的打法，其变式也有很多，要根据场上情况临机应变。

在场上任意一个位置向篮筐运球。

用"跳停"停止。

两脚着地

起跳举起篮球。

用和防守队员较远的那只手投篮。

跳到最高处时投掷篮球。

用腕力和手指的力量旋转篮球，从"顶点"（见64页）推出。

想象着越过对方防守投篮的样子，整体动作要充满力量。

练习步骤

① 在场上任意一个位置向篮筐运球，到篮筐附近时"跳停"。

② 两脚蹬地，举起篮球。

③ 单手投篮。

给球员的建议

在双脚蹬地向上跳跃的过程中，球员经常会出现"驼背"的现象。因此在跳跃过程中要始终保持正确的身体姿势和良好的平衡感。腿部用力，尽量跳得更高。

教练笔记 该动作的手腕施力方法和"上篮"（60页）相同，不同的是，"上篮"是单脚蹬地，而"双脚蹬地上篮"是双脚蹬地起跳上篮。因为要越过对方防守，需要更强的力量。而且两脚蹬地可以增强对身体力量的控制。

练习
065

近距离投篮

重要度 ★ ★ ★

难度水平 ★ ★ ★ ★

场地 半场

目的

在比赛中跑至篮筐下准备投篮时，遇到比自己高大许多的防守队员阻拦时，可以在原地直接用"跳投（56页）"的方式投篮，也叫做"近距离投篮"。

向篮筐方向运球。

迈出第二步时蹬地。

练习步骤

① 在场上任意一个位置向篮筐运球。

② 左右脚交叉向前。

③ 将篮球举至头顶。

④ 根据"跳投"的动作要点，在最高点时投出篮球。

将篮球举至额前

大腿和地面平行

起跳同时将篮球举至额前。

需要注意的点和"跳投"一样，手腕、手指用力旋转篮球，最后手指推出篮球。

跳到最高点时掷出篮球。

变式组合

一般来说，在进行"上篮"时，步伐要按照"1、2"这样的节奏向前投篮，但是"近距离投篮"时，防守队员可能会对应"1、2"的节奏采取防守措施，因此，在数到1时就可以直接投篮。

教练笔记

"近距离投篮"和"上篮"一样，都是跑步、起跳、投篮，而且要求抬起腿的大腿要平行于地面，保持好身体平衡。手臂的动作同"跳投"一样，使用腕力和手指的力量旋转球，最后手指推出篮球。

勾手投篮

练习 066

彩虹

重要度 ★★

难度水平 ★★★

场地 **场地内的直线上**

目的 在球场内的边线上进行"彩虹"练习，可以掌握正确的"勾手投篮"手臂动作。这有助于流畅地旋转篮球，笔直地掷出篮球。

手掌要感受到篮球的旋转。

两脚脚跟踩线

站在场内边线上，两脚脚跟踩线，单手持球准备。

手臂伸直，手腕轻轻用力向上抛掷篮球。

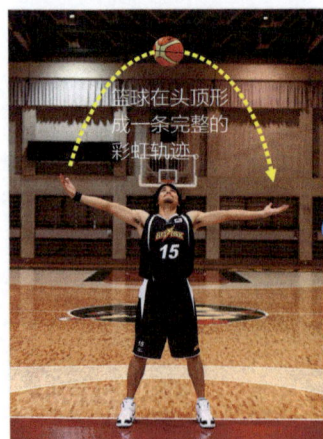

练习步骤

① 站在场内边线（图中是罚球线）上，两脚脚跟踩线。两手左右平举，单手持球。
② 持球手臂伸直，手腕轻轻用力向上抛掷篮球。注意手腕要用力使球旋转，最终从顶点推出篮球。
③ 另一侧手接住篮球。反方向继续练习。

篮球在头顶形成一条完整的彩虹轨迹。

篮球要在头顶形成一条像彩虹的轨迹。

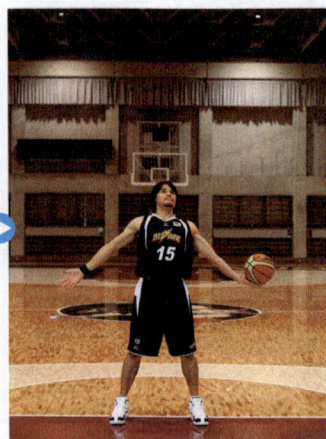

另一侧手接住篮球。反方向继续练习。

▲ 从侧面看，篮球是在和边线同一平面上移动。

教练笔记 在该练习中，篮球始终同脚下边线在同一个平面内，其轨迹像一条彩虹。投篮轨迹要直，这也是所有"勾手投篮"动作的基本。篮球的移动轨迹和双臂在同一个平面上。

练习
067

起跳勾手投篮

重要度	★ ★
难度水平	★ ★ ★
场地	油漆区

目的 该练习的目的是为了掌握在64页介绍的"起跳勾手投篮"。一人也可以练习。从空中接球后投篮,这种情形更接近真实的比赛。

在篮筐下持球站立。

任意选择一种投篮方式,向篮板投掷篮球。

转身起跳,在落地时背部正对篮筐。

着地后迅速转体。

在空中接住落下的篮球,身体落地时背部正对篮筐。

身体侧对篮筐,勾手投篮。

练习步骤

① 在篮筐下持球站立。

② 向篮板掷球,动作要领同"双手接球"(186页),在空中接住被篮板弹下的篮球。落地时背部正对篮筐。

③ 随后"90度前转"(38页),使身体侧面对着篮筐,然后"起跳勾手投篮"。

注意

勾手投篮的一个特点是利用自身肩宽同防守队员保持距离,便于投篮。然而如果两肩所在直线不垂直于防守队员身体,两者之间距离会因过小而失去效果。另外,"投篮线"(55页)很不直观,难以想象,所以多做刚才介绍的"彩虹"练习。

教练笔记 准备投篮时,要注意一个要点,即两肩所在直线应该垂直于篮板。如果是右手投篮,则左肩指向篮筐正中心,沿左肩和篮筐正中心的连线,笔直地投掷出篮球。

勾手投篮

跑步篮

重要度 ★★★

难度水平 ★★

场地 半场

目的 该练习的目的是为了掌握"移动勾手上篮"（62页）的正确手臂、手部施力方法与动作，使篮球旋转，从指尖被投掷出。跑向篮筐、上篮并投篮成功，即表明该动作成功完成。

B在合适的时机传球给A。

■ A站在罚球区顶部位置，B在侧翼准备。

■ A跑向篮筐的过程中接住从B传来的球。

篮球像是在手掌中旋转一样，手腕、手指用力，将篮球推出。

■ A保持身体平衡，起跳。

■ 手掌正对篮筐，从篮网的侧面勾手投篮。

练习步骤

① 投篮队员A在罚球区顶部，传球队员B在侧翼做好准备。

② A跑向篮筐的过程中接住从B传来的球。

③ A单脚起跳，迈出第二步时蹬地，顺势"移动勾手上篮"。

教练笔记 如果没有传球队员，自己运球后上篮也是可以的。不管怎样，都是跑向篮筐，在合适的位置勾手投篮。在篮筐附近投篮相对来说比较容易，因此除了用惯用手练习外，也要多练习非惯用手的投篮。

麦肯运球1

重要度 ★★★

难度水平 ★★

场地 **油漆区**

目的 该练习可以使球员在勾手投篮时，左右手都有较高的命中率。练习的实质就是在篮筐下连续不间断地勾手投篮。练习过程中注意节奏。

面向篮筐持球站立。

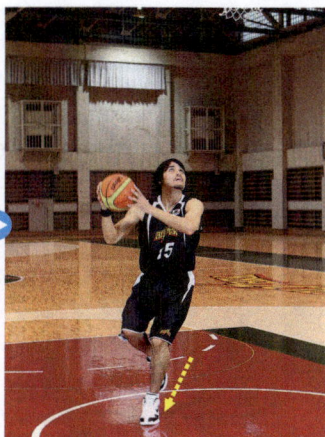

左脚向右前方迈出，举起篮球。

练习步骤

① 在靠近篮筐位置持球站立。身体正对目标。

② 左脚向右前方迈出，举起篮球。左脚蹬地起跳，右手勾手投篮。

③ 在篮球下落过程中接球，与此同时，右脚向左前迈出。

④ 迈出右脚后，右脚蹬地，左手勾手投篮。这一过程持续5次。

最后手指推出篮球。

举球时上臂像紧贴耳朵一样。

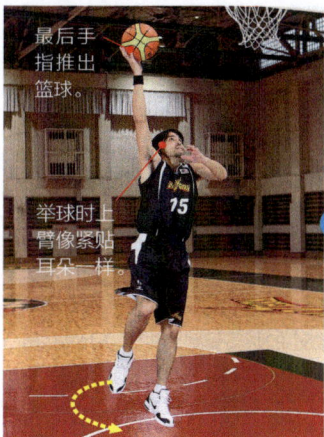

右手掌正对篮筐，勾手投篮。

捡球后，右脚向左前方迈出，左手勾手投篮。

变式组合

如果每次投篮都能命中的话，规则就可以改为"在规定的时间内能投中多少球"。通过和队友的比赛，提高投球速度。另外，随着练习增加，体力也得以提高。

教练笔记 这是前NBA著名中锋乔治·麦肯经常进行的练习。有两个要点，一是为了能顺畅地不断投篮，在拾球时应看准时机迈出一步再次投篮；一是投篮时上臂要像贴近耳朵一样竖直举起。落地时身体应正对着篮筐。

勾手投篮

重要度 ★★★
难度水平 ★★★

场地 **油漆区**

练习
070

麦肯运球2

目的 和"麦肯运球1"（103页）一样，也是为了提高投球命中率的练习。背对篮筐投球时，难以定位篮筐位置，难度大大增加。

背对篮筐持球站立。

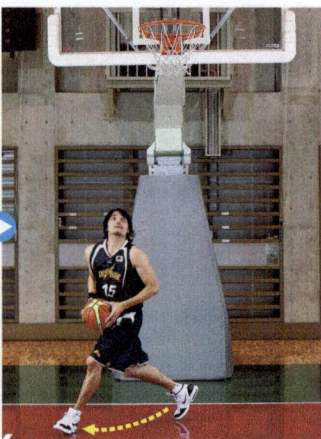
左脚向右前方迈出，举起篮球。

练习步骤

① 在靠近篮筐位置持球站立。身体背对篮筐。

② 左脚向右前方迈出，举起篮球。左脚蹬地起跳，右手勾手投篮。

③ 在篮球下落过程中接球，与此同时，右脚向左前迈出。

④ 迈出右脚后，右脚蹬地，左手勾手投篮。这一过程持续5次。

右手掌正对篮筐，勾手投篮。

越过肩膀定位篮筐。
击打篮板命中率会更高。

捡球后右脚向左前方迈出，左手勾手投篮。

变式组合

背对篮筐的勾手投篮在很多场合非常有效。比如在篮筐下背对对方防守投篮；抢得进攻篮板以后等待时机勾手投篮。特别是个子较小的队员受到个头比较大的队员防守阻拦时经常使用到。这是所有球员都要掌握的打法。

教练笔记 背对着篮筐投球时，需要抬头，眼睛上翻，从上面看目标。刚开始练习时可能有一定难度。可以先采用越过肩定位篮筐的方法，这样相对容易一些。先击中篮板会提高投篮命中率，在练习中逐渐掌握击打篮板的投篮方式。

第三章

背　打

　　背打是非常重视身体动作的技术。从持球到投篮，需要充分利用自己的身体阻拦对方。首先从易于得分的技巧开始练习吧。

背打的基础知识

1 关于背打

◎前线进攻的起点是增加得分的关键

背打不仅仅在篮球中经常运用，在足球、手球中也是非常重要的打法。它是"在前线寻找进攻机会，并开始进攻"的打法的总称。

篮球比赛中，在油漆区附近背对篮筐或防守队员接球。这时，进攻方的所有投篮和传球的动作组合都叫做"背打"。

3分球规则在1985年被FIBA（国际篮球联盟）采用后，为了能阻止进攻方投3分球，防守队员往往在3分球线更外侧做防守。在这种情况下，运用"背打"，将篮球传给线内的队友就显得格外重要。

在现代篮球比赛中，背打是一个队伍得分的重点打法。身高没有优势的队员需要掌握，如果全队队员都能掌握则是最理想的状态。

◎低位背打的目的就是得分

如右图所示，根据背打被运用的区域不同，一般来说被分为：低位背打、中位背打和高位背打。

低位背打是背打中最靠近篮筐的打法，其目的就是得分。当然在低位防守的阻拦、压迫更紧张，需要灵活地应对。

和低位背打相比，高位背打更强调传球。虽然在高位也可以直接投篮，但是，向低位队友传球后，由其投篮更容易得分。这样由高位传球、低位投篮的打法叫做"高低位投篮"。另外，跑至篮筐下运球投篮也很有效，需要各位球员根据场上具体情况灵活应对。

中位是低位和高位中间的过渡地带。在中位，应该根据具体情况，灵活选择投篮还是传球。

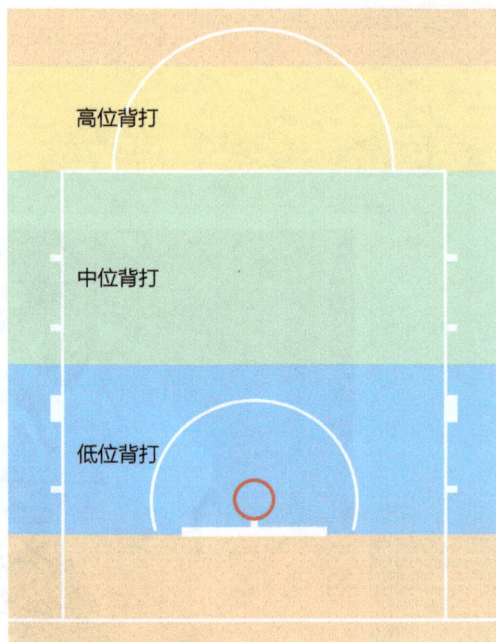

高位背打

中位背打

低位背打

▲根据距离篮筐的远近，背打分为3种情况。

2 背打的要点

◎背打分为3个步骤

背打从接球到最后得分一共是有分三个部分："1.准备姿势"—"2. 接球"—"3. 后续打法"。

第一步"准备"的要点是撑起手肘，阻拦对方行动；第二步"接球"—"后续打法"中，要注意接球后，将球放置在距离对方较远的位置。练习时，最好想象着有防守队员紧跟的场景。

本章的108~109页将讲解第一步"准备姿势"；110~111页将会详细讲解从第二步"接球"到第三步"后续打法"最有代表性的"力量转身练习"。

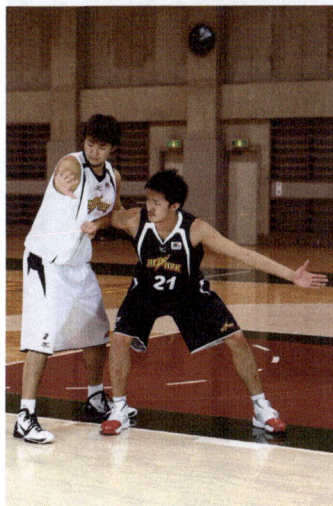
▌准备姿势

▌接球

▌后续打法

3 练习注意事项

◎要准确记忆动作和身体运动方式

准确地记忆背打的动作和身体运动方式是非常重要的。接球之前和之后都有不同的打法，1个球员在球场上平均要运用其中的2 ~ 3种。特别是初学者，要掌握一个保证可以得分（或者保证可以准确无误地传球）的打法，再掌握一个突破防守的方法。

动作和技巧越重要，教练就越要提醒球员做出正确的动作。另外，如果全队球员都能熟练运用背打得分，那么这个队伍的进攻会非常精彩。所以背打练习不是身高高的球员的专属训练。

另外，要让全队球员知道在本队战术中，背打的作用是什么。背打主要有以下三个作用：1.得分；2. 传球；3. 打乱对方防守节奏，突破防守。明确背打打法的作用，在制定战术时就做好背打准备。

技术解说

准备姿势（防守球员在身后）

肩在脚趾的正上方，身体微微前倾

外侧手的手掌正对着篮球的方向，便于单手接球

臀部抵着身后防守球员的大腿

技术解说 **自己的臀部抵着身后防守球员的大腿**

准备姿势是背打的开始。因为防守球员的阻拦，做好准备姿势是接下来动作的基础。臀部抵着身后防守球员的大腿，可以有效地阻止对方活动。这时身体姿势的要点在于两脚之间距离要大，身体微微前倾。这个姿势也叫做"力量姿势"。重心放在双脚大拇指上，时刻准备接住队友的传球。

技术
解说

准备姿势（防守球员在身体两侧）

在防守队员另一侧的手臂向侧面张开，示意队友传球。

抬起与防守队员同侧的手臂，撑开肘部。

膝盖微曲，重心下移。

如果在低位区的话，身体面向侧翼方向。（双脚连线和罚球线有一定角度）。

技术解说 **撑开肘部和对手保持一定距离**

在比赛中，对方从侧面防守占多数。在这种情况下，进攻队员为了突破防守，要轻轻弯曲膝盖，使重心下移。肘部张开，抵着防守球员的胸部，和防守球员保持一定距离。然后为了便于单手接球，在

防守队员另一侧的手臂向侧面张开，示意队友传球。

除此之外，还要注意的是，如果在低位区的话，身体面向侧翼方向。双脚连线和罚球线要有一定角度。

技术解说

力量转体练习

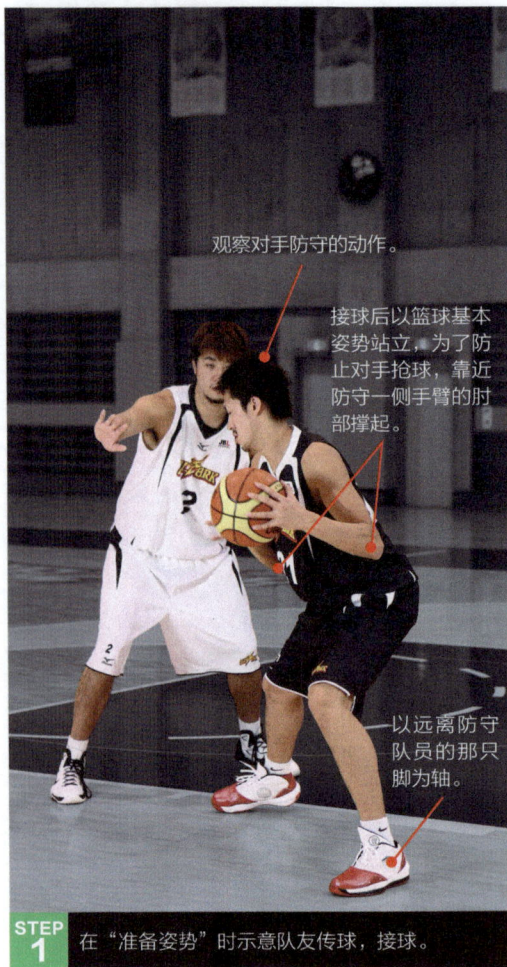

观察对手防守的动作。

接球后以篮球基本姿势站立，为了防止对手抢球，靠近防守一侧手臂的肘部撑起。

以远离防守队员的那只脚为轴。

STEP 1 在"准备姿势"时示意队友传球，接球。

移动腿（在转体时移动的腿）向轴拉近，转体。

STEP 2 以远离防守队员的那只脚为轴，开始转体。

技术解说 做"准备姿势"时要记住"3C"

做"准备姿势"、示意队友传球、接球，这一系列动作就是背打的过程。

在接球时，首先做篮球"基本姿势（20页）"，为了避免对方拦截抢球，要撑起手臂肘部，和对方隔开一定距离。这里要注意的是"3C"：Catch（接球）、Chin（将球向下巴靠近）、Check（确认防守球员的位置）。根据对场上情况的判断再决定接下来是投篮、传球还是运球。

在低位或中位，对方防守在身体两侧阻拦的情况下，"力量转体"是能获得得分的最重要打法之一。接球后迅速转体是要点。

跳得越高命中率
就越高。

移动腿不落地，直接向篮
筐方向迈出。

STEP 3 移动腿向篮筐迈出，开始运球。

STEP 4 到达篮筐附近，投篮。

教练笔记

在"力量转体练习"中，以离防守球员较远的那只脚为轴，另一只脚靠近轴脚，以提高转体速度，手腕大幅度、用力甩动，将篮球移动到远离防守的那一侧。上体先转过去，带动全身转体。在熟练之前可以只练习转体。

▲练习时要想象背后有防守球员，上身先转过，带动全身转体。

背打

重要度 ★★★★★

难度水平 ★★★

场地 半场

练习 071

力量转体→冲撞＆转体

目的 掌握在三分球线内进攻的基本方法，是在运用110页介绍的"力量转体"后，对方防守转而从正面拦截运球的应对打法。

越过肩膀观察对方。

A在低位（或中位）做"准备姿势"（109页）。

接过队友传球。

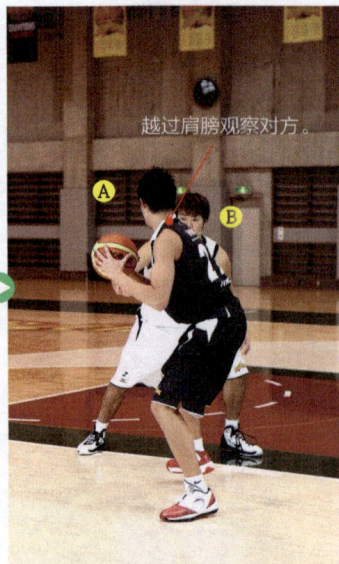

越过肩膀观察并确认对方防守的动作。

用身体顶着防守球员。

为了使球远离防守转体。

以距离防守球员近的一只脚为轴。

向篮筐方向迈出一步。

向篮筐运球，并用身体顶着试图拦运球的对方防守。

以距离防守球员近的一只脚为轴，转体。

避开对方后向篮筐方向跑去。

① 投篮队员Ⓐ在低位（或中位）做"准备姿势"，防守球员Ⓑ在其身体两侧防守。Ⓒ或教练在侧翼准备传球。

② Ⓐ接过传球后，"力量转体"，成功后向篮筐方向运球。

③ Ⓑ再次拦截其运球，Ⓐ转向罚球线避开Ⓑ，顺势投篮。

冲撞&转体后避开Ⓑ

← 投篮   ← 传球   ← 移动   ← 运球

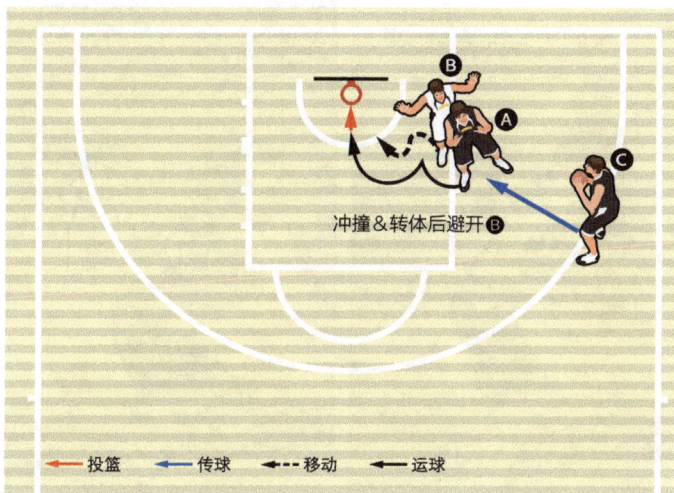

移动脚向篮筐方向迈出。

"力量转体"后，面向篮筐方向进攻。

教练笔记

在低位或中位区接到球，一般来说球员的第一反应是向篮筐运球投篮。但是防守球员也会进一步拦截运球，所以要仔细观察对方动作，根据情况选择合适的应对打法。这是每个球员必须要掌握的。

给球员的建议

在篮筐附近、三分球线内进攻方和防守方的接触与对抗是数不尽的。进攻方的目标是在距篮筐近一些的位置投中篮筐，而防守方的目标就是为了阻止这一行动。当防守球员从正面阻拦运球时，进攻球员可以冲撞其身体，然后迅速转体。这一打法非常有效。

注意

如左图所示，"力量转体"后，对方防守进一步跟上，为了保护手中篮球，球员可以带球向后转体，这也叫做"旋转球"。在153页中会详细介绍。注意此时并不是旋转篮球，而是直线移动篮球，快速转体，否则对方防守还能进一步跟进。

在篮筐下投球。

113

背打

重要度 ★★★★★

难度水平 ★★★

练习 072

力量转体→抬头

场地 **半场**

目的 ▶ 抬头（视线转向篮筐）可以转移底线侧的对手防守球员的注意力，便于在罚球线一侧进攻。防守球员近一步跟进，则迅速转向篮筐方向并投篮。

越过肩膀观察对方。

身体面向篮筐，并抬头看目标。

▌Ⓐ在低位（或中位）做"准备姿势"（109页），接队友传球。

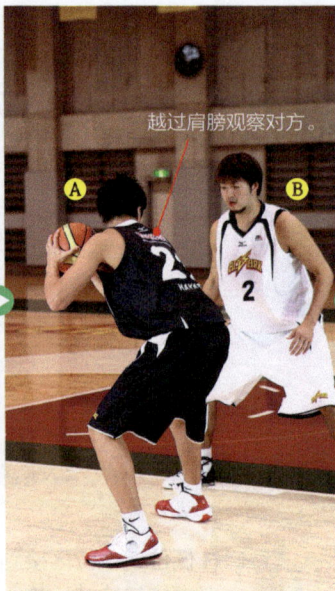

▌越过肩膀观察并确认对方防守的动作。

▌"力量转体"后，抬头，视线转向篮筐。

抱球转体

注意整个过程要流畅。

▌观察、确认Ⓑ的状态，护球。

▌被Ⓑ近一步阻拦后向底线方向转身。

▌跑向篮筐后立即投篮。

练习步骤

① 投篮队员Ⓐ在低位（或中位）做"准备姿势"，防守球员Ⓑ在其身体两侧防守。Ⓒ或教练在侧翼准备传球。

② Ⓐ接过传球后，"力量转体"（110页）。随后视线转向篮筐，向罚球线运球。

③ Ⓑ再次拦截其运球，Ⓐ向篮筐方向转体，顺势投篮。

用距防守球员较远的那只手拍球。

▌向罚球线运球。

被Ⓑ近一步阻拦后向底线方向转身。

视线转向篮筐后随即向罚球线运球。

← 投篮　← 传球　◄-- 移动　← 运球

教练笔记

"抬头"是身体正对篮筐，抬头，视线投向篮筐。这样一来，增强了防守球员对进攻篮板的警惕。防守球员会到进攻球员面前进行阻拦。掌握了这个技巧，就可以在和防守球员的斡旋中取得优势。

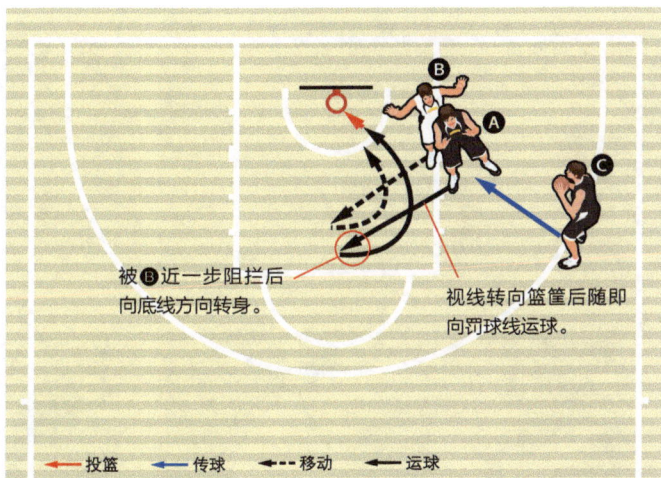

▌在篮筐下投篮。

给球员的建议

进攻球员步法流畅，顺利到达篮筐下再投篮，其命中率会大大提高。要做到这一步，需要注意两点：一是打破防守的作战计划；一是同防守球员的心理战不能输。要学会观察对方，从而做出正确判断。

注意

为了打乱对手防守的作战计划，应该学会蒙蔽对方，做假动作。要使假动作发挥作用，动作必须迅速敏捷，体力跟得上。所以应该多做增强体力的练习。

115

背打

重要度 ★★★★★

难度水平 ★★★

练习
073

吉诺比利步法

场地 **半场**

目的

在对方防守死死跟在身后的情况下，离篮筐较远的那一只脚迈出极大步幅，用力蹬地，猛烈地向篮筐冲去，投篮。掌握这一步法，对方防守除了犯规别无他法。

越过肩膀观察并确认对方防守的动作。

用躯干护球

运球1~2次，同时注意观察对手反应。

用距篮筐较远的那只手拍球。

■ Ⓐ在低位（或中位）持球。

■ 向罚球线运球1~2次，观察对手反应。

教练笔记

"吉诺比利步法"是阿根廷著名球员马努·吉诺比利最擅长的一种步法，是充满力量步法的代表。在防守球员一直在身后施加压力的状态下，球员应向篮筐迈出有力的一大步。在该过程中要始终注意篮球不要被对方球员抢走，一直保持到投篮。在向罚球线运球时，若判断可以向篮筐下运球，则应毫不犹豫地运用该步法，向篮筐下靠近。

① 投篮队员 Ⓐ 在低位（或中位）持球准备，防守球员 Ⓑ 在其身体后侧防守。Ⓒ 或教练在侧翼准备传球。

② Ⓐ 接过 Ⓒ 的传球。

③ 为了应对 Ⓑ，Ⓐ 先向罚球线运球 1~2 次。确认前方无阻碍后，向篮筐方向跨出有力的一大步。

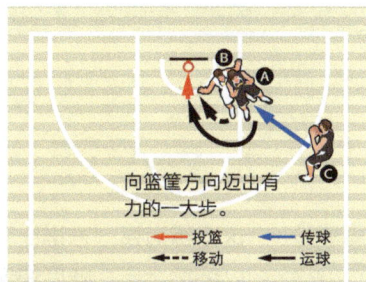

向篮筐方向迈出有力的一大步。

向篮筐方向迈出有力的一大步。

向篮筐方向迈出一大步。

摆脱对方防守后投篮。

给球员的建议

"吉诺比利步法"不仅可以运用在背打中，也可以运用在从侧翼运球至篮筐下这一过程里。
吉诺比利在投篮之前，像橄榄球选手一样把篮球夹在腋下。在防守球员密集的情况下，这样做可以使篮球不被抢走。希望大家可以模仿这一步法。

练习 074

吉诺比利步法→停止＆转身投篮

目的 这个练习是"吉诺比利步法"的变式。当判断对手防守将进一步紧跟阻拦时，可以突然止步，随后快速转身投篮。

越过肩膀观察并确认对方防守的动作。

■Ⓐ在低位（或中位）持球。

步幅要大，用力蹬地。

■向罚球线运球（吉诺比利步法）。

■还没突破Ⓑ的防守，可以考虑止步。

■单腿为轴，转身。

用身体和对方防守保持一定距离。

■身体侧对篮筐，准备投篮。

■将篮球高高举起。

① 投篮队员Ⓐ在低位（或中位）持球准备，防守球员Ⓑ在其身体后侧防守。Ⓒ或教练在侧翼准备传球。

② Ⓐ接过Ⓒ的传球，向罚球线运球。面对Ⓑ的进一步靠近，用力迈出一大步（吉诺比利步法）。

③ 如果还没突破Ⓑ的防守的话，Ⓐ突然停下，转体（旋转半径要小）投篮。

为了打破对手的防守计划，动作要突然。

突然中止运球，止步。

突然间停止，转身投篮。

⟵ 投篮　　⟵ 传球　　⟵-- 移动　　⟵ 运球

教练笔记

在低位或中位区想要运球至篮下投篮，应先观察对方防守的动作，并加以预测、判断。根据判断，用力迈出一大步，以迷惑对方；随后突然停下，再快速转体投篮。能熟练正确使用这一打法，摆脱防守的可能性就会更高。

按照"起跳勾手投篮"（64页）的要点投篮。

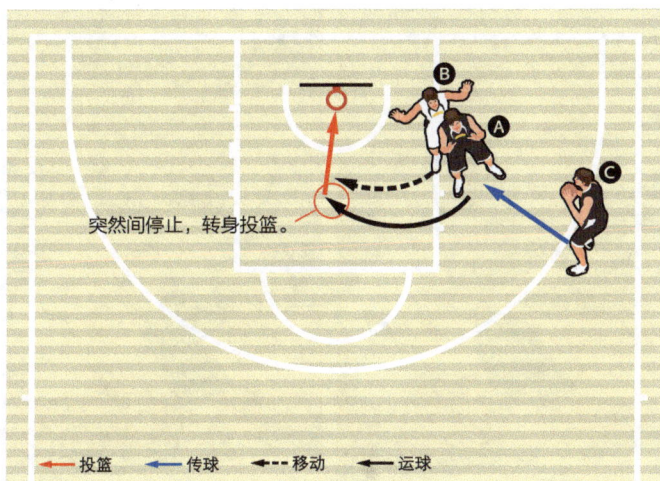

给球员的建议

"吉诺比利步法"成功的要点之一是"身体接触"，也就是说，在同防守球员身体紧密靠近的状态下转体面向目标。最终大多数球员会选择难以防守的勾手投篮打法。防守球员会一直阻拦投球，因此掌握好该打法是非常必要的。

背打

重要度 ★ ★ ★

难度水平 ★ ★ ★ ★

场地 **半场**

练习 075 吉诺比利步法→后仰式跳投

目的 利用"吉诺比利步法"（116页）避开防守后，用"跳投"（56页）打法投篮。为了避免防守队员的进一步阻拦，跳投时可以采取身体后倾的方法。

越过肩膀观察并确认对方防守的动作。

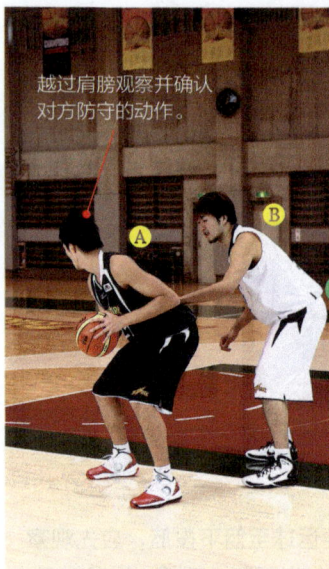

Ⓐ 在低位（或中位）持球。

向罚球线运球（吉诺比利步法）。

还没突破Ⓑ的防守，可以考虑止步。

为了打破对手的防守计划，动作要突然。

单腿为轴，转身。

用身体和对方防守保持一定距离。

身体侧对篮筐，准备投篮。

将篮球高高举起。

① 投篮队员 Ⓐ 在低位（或中位）持球准备，防守球员 Ⓑ 在其身体后侧防守。Ⓒ 或教练在侧翼准备传球。

② Ⓐ 接过 Ⓒ 的传球，向罚球线运球。面对 Ⓑ 的进一步靠近，用力迈出一大步（吉诺比利步法）。

③ 如果还没突破 Ⓑ 的防守的话，Ⓐ 突然停下，转体（旋转半径要小）投篮。

步幅要大，用力蹬地。

▌突然中止运球，止步。

突然间停止，转身投篮。

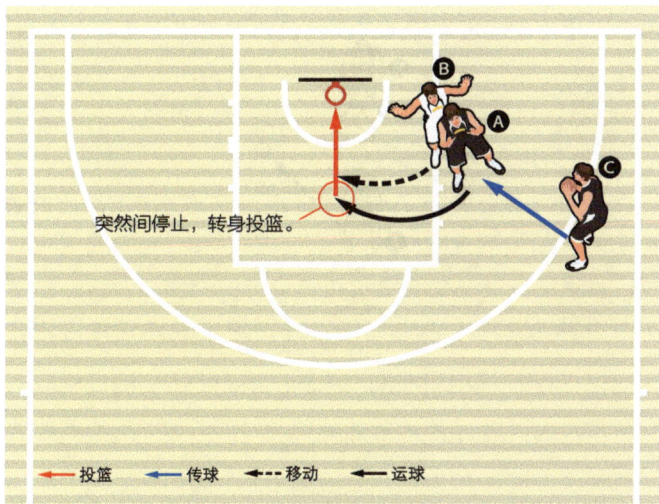

| 🔴 投篮 | 🔵 传球 | ◀--- 移动 | ◀— 运球 |

教练笔记

在低位或中位区想要运球至篮下投篮，应先观察对方防守的动作，并加以预测、判断。根据判断，用力迈出一大步，以迷惑对方；随后突然停下，再快速转体投篮。能熟练正确使用这一打法，摆脱防守的可能性就会更高。

给球员的建议

"吉诺比利步法"成功的要点之一是"身体接触"，也就是说，在同防守球员身体紧密靠近的状态下转体面向目标。最终大多数球员会选择难以防守的勾手投篮打法。防守球员会一直阻拦投球，因此掌握好该打法是非常必要的。

▌按照"起跳勾手投篮"（64页）的要点投篮。

121

背打

练习 076

转身起跳投篮

目的 捡起事先放在地上的篮球，转身"跳投"（56页）。该动作有助于提高投篮命中率，增强体力，且在疲劳的状态下也可以投中。其中，在奔跑过程中快速、稳定地停下是很重要的一点。

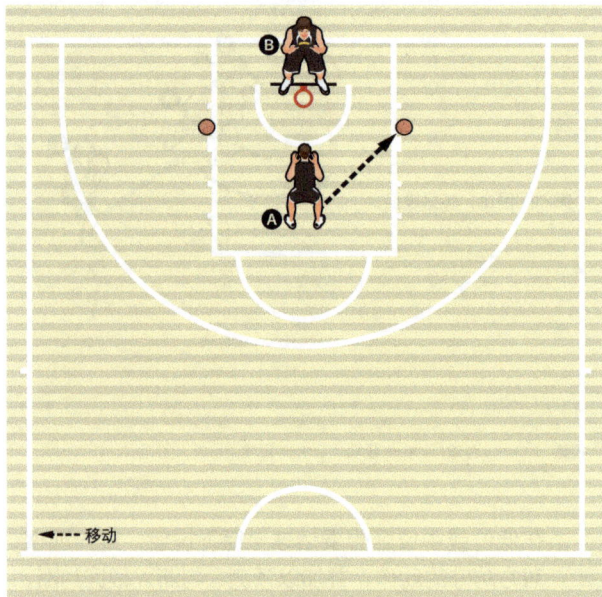

移动

练习步骤

① 在中区线上各放一个篮球。如图所示，Ⓐ选手投篮，Ⓑ选手拣回投出的篮球，迅速放回原来位置。

② Ⓐ捡球后转身起跳投篮。Ⓑ将投出的篮球捡回，放到原来位置。

③ Ⓐ投篮之后，向另一边跑去。像刚才一样，捡起地上篮球，起跳投篮。不间断重复1分钟，每侧争取投篮5次。

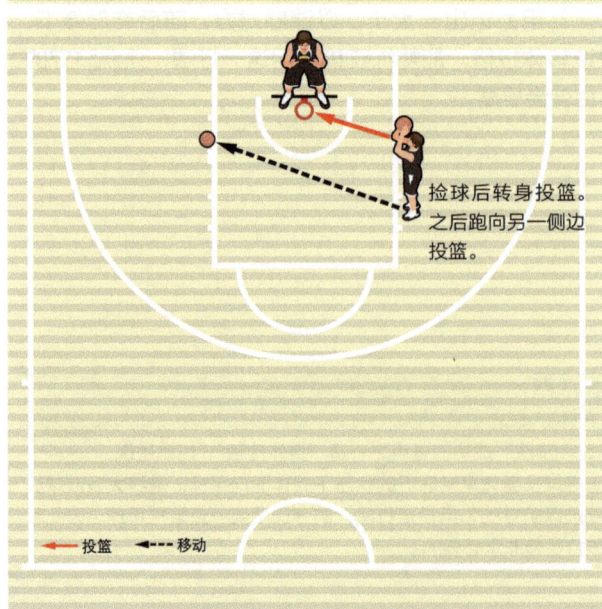

捡球后转身投篮。之后跑向另一侧边投篮。

投篮 ◄--- 移动

变式组合

如果训练超过3人，该练习过程可以更加流畅。这种情况下，需要中区线附近再站两名队员，当B捡起投出篮球后，将球传给中区的两名队员。或者，A捡球后，不立即起跳投篮，先运球至篮筐后投篮。

教练笔记 背对着篮筐，双脚"起跳停止"（22页）捡球。紧接着"起跳投篮"。转身方向左右两边都应加强练习。

底线背打

练习 077

重要度 ★★★★★

难度水平 ★★

场地 **油漆区**

基本动作

投篮

背打

运球

传球

篮板球

1对1

协调性

目的 "底线背打"是面朝底线接球后投篮的一种得分方法。该动作是在底线最容易成功投篮的一种打法。

身体面朝底线。

两脚之间连线垂直于底线。

Ⓐ以"基本姿势"阻拦防守球员，并示意队友传球。

接球。

练习步骤

① 投球队员Ⓐ在低位区，Ⓑ做防守。传球队员（Ⓒ或教练）在侧翼做准备。

② Ⓐ接过Ⓒ的传球，向篮筐方向运球。

③ 投篮。

以身体为隔离护球。

向篮筐方向运球。

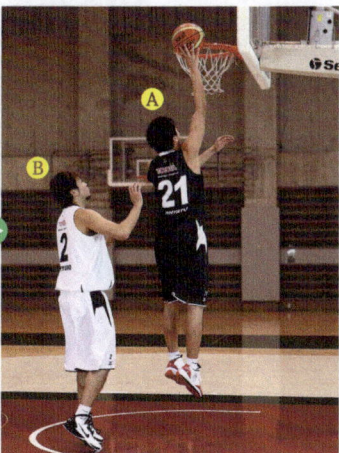

在篮筐下起跳投篮。

给球员的建议

该动作要求面向底线后转身起跳投篮。这种打法适用于身材高大的防守队员在篮筐方向拦截的情况。除此之外，109页介绍的面向侧翼投篮则是基本式。掌握的进攻打法越多越好，因此在掌握基本式之外，如本节介绍的这种变式技术也应多加练习。

教练笔记 该打法可以和"滑步"（26页）相结合，边运球边移动投球。这种向侧面运球的步法，很像螃蟹爬行，因此也可以叫做"螃蟹运球"。另外有些场合，比起横向运球，向身后迈步运球更有效。因为这样可以封锁防守。向身后迈步运球也叫做"后撤步"。

背打

重要度 ★★★

难度水平 ★★★

场地 半场

练习 078

高位区力量转体

目的 这是实战中经常会用到的一种变式打法。从低位区移动到高位区接球，然后运球投篮。

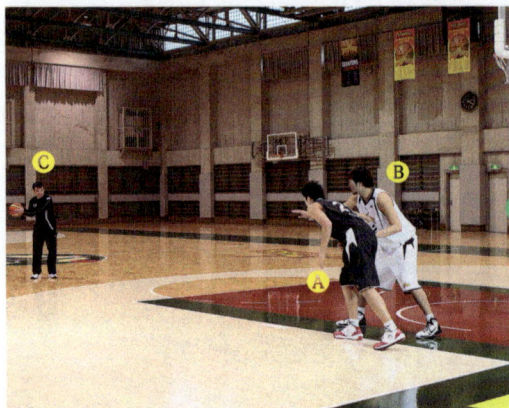

■ 球员 Ⓐ、Ⓑ、Ⓒ 分别在照片的位置做好准备。

接球后，起跳停止后，向后转体。

■ Ⓐ 跑到高位区接球，用"力量转体"（110页）的方法向篮筐方向转体。

将篮球护在离防守较远的一侧。

■ 向篮筐方向运球。

■ 在篮筐下投球。

练习步骤

① 投球队员 Ⓐ 和防守队员 Ⓑ 在低位区，传球队员（Ⓒ 或教练）在罚球区顶部做准备。

② Ⓐ 向高位区跑去，接过 Ⓒ 的传球，起跳停止（22页）。

③ Ⓐ 接过球后"后转"（24页），向篮筐方向迈步，运球投篮。

教练笔记 从低位区移动到高位区接球，是经常在比赛中出现的场景。为了顺利得分，在接球之后要快速转体。本节介绍了"力量转体"，根据场上情况的不同，"前转"（24页）也是可以的。

练习 079

投篮假动作→篮下运球

重要度 ★★

难度水平 ★★★

场地 **半场**

目的 这是上一节介绍的"高位区力量转体"的变式。接球后"假动作抬头"（114页），装作要投篮的样子，然后向篮筐运球，突破对方防守。

接球后起跳停止。

Ⓐ 从低位区移动到高位区，接住从 **Ⓒ** 的传球。

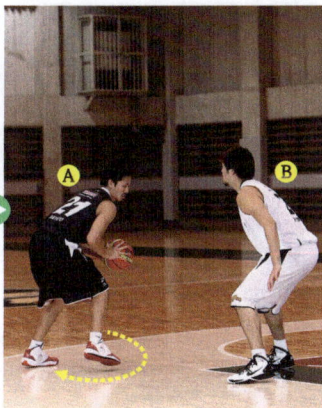

接球后向后转体面向篮筐。

练习步骤

① 投球队员Ⓐ和防守队员Ⓑ在低位区，传球队员（Ⓒ或教练）在罚球区顶部做准备。
② Ⓐ向高位区跑去，接过Ⓒ的传球，起跳停止（22页）。
③ Ⓐ接过球后抬头看向篮筐，作要投篮的样子。当Ⓑ起身想要拦截时快速运球。

将球举至和头部一样高的位置。

将球举起，打乱 **Ⓑ** 的防守节奏。

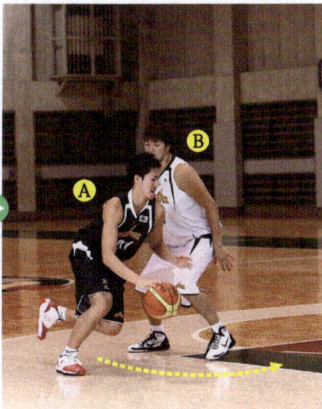

迅速向篮下运球，投球。

教练笔记 "像准备投篮一样将球举过头顶，打破对方防守节奏"。这样的假动作非常简单，但是很有效果。除了"举球"的假动作以外，还有抬头看向篮筐（用视线迷惑对方）、扭头等假动作。整合这些"假动作"，可以打乱防守节奏，便于突围。

投篮
移动
传球
运球

125

背打 | 重要度 ★★

练习 080

自由练习

难度水平 ★★★

场地 **油漆区**

目的 在篮下将球下旋投出，自己捡球。这个训练可以练习到多种步法和投篮技术。

注意使球下旋
在篮下向罚球区抛出篮球。

双脚着地
在空中接球后起跳停止。

想象着有防守，加上运球也可以。
向篮筐方向转身，准备投篮。

在篮下投球。

练习步骤

① 篮下持球。
② 使球下旋抛出，其着地点最好在罚球区附近。
③ 在空中接住弹起的篮球，起跳止步。
④ 运用多种步法和转身技巧投篮（中间也可以加入一次运球）。两边一共投篮10次。

给球员的建议

通过该训练，可以练习到"力量转体"（110页）、"吉诺比利步法"（116页）、"勾手投篮"等技术。练习过程中想象着有防守阻拦，效果会更好。

教练笔记 本练习首先需要在空中接球后，起步止跳。要点是必须遵守"3C原则（110页）"，保持正确姿势。但是这样的话因为不知道防守球员先迈哪一直脚，故而难以应对。而"直停"的步法是两脚交互着地，这样就更容易观察判断防守的动作从而做出正确的应对。

练习
081

从背打到传球

重要度 ★★

难度水平 ★★★

场地 **半场**

目的 该练习目的是提高背打球员的传球水平。如果可以掌握这种打法，团队防守的水平会得到大幅提高。

各位球员在如图所示位置做好准备。

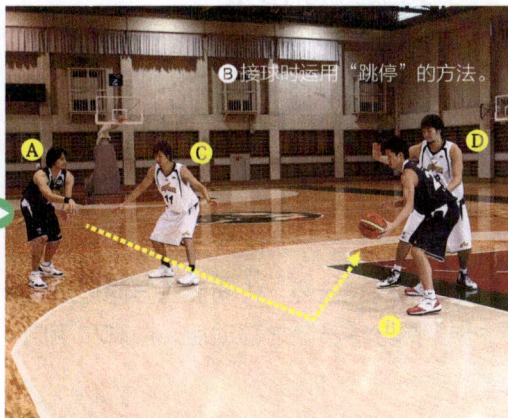

Ⓑ接球时运用"跳停"的方法。

Ⓐ向Ⓑ传球后迅速移动位置。

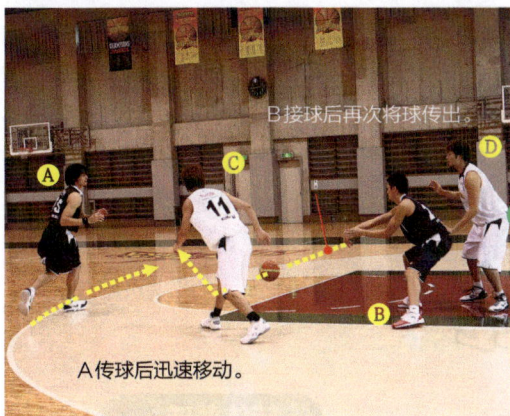

B接球后再次将球传出。

A传球后迅速移动。

Ⓑ接球后，再把球传给Ⓐ。

Ⓐ接过Ⓑ的传球后投篮。

练习步骤

① 背打进攻球员Ⓐ在任意的背打区持球，外传进攻球员在侧翼区准备接球。防守球员Ⓒ、Ⓓ在如图所示位置。

② Ⓐ向Ⓑ传球，Ⓑ随防守球员的移动而移动。如上图所示情况，Ⓑ迅速向罚球区顶部移动。

③ Ⓑ接球后，再把球传给Ⓐ。

④ Ⓐ接球后投篮。

教练笔记 背打球员接过传球以后，要积极地去投篮。但是应注意还有很多防守球员在阻止投篮。视具体情况转变打法是非常重要的一点。因此，除了自己投篮外，还可以将篮球外传。这种打法叫做"外传球"。对于背打球员来说，接球后要在"投篮"和"外传"之间灵活选择。

基本动作

投篮

背打

运球

传球

篮板球

1对1

协调性

专栏①

背打的姿势

▶▶▶ 灵活运用两种步法

　　背打的步骤分为：1.准备姿势→2.接球→3.后续打法。但是在实际比赛中"基本姿势"很难把握。为了摆脱不断围攻的防守球员的拦截，必须要灵活采用不同的"基本姿势"。

　　"迈步穿行"是"基本姿势"中最重要的代表姿势。先向篮筐方向迈出一步，防守球员随之移动后，前脚和手腕同时从防守的身前滑过。脚和手腕的动作要迅速有力，踏出去的前腿顶在防守球员的大腿上。

　　除此之外，"转体截球"也是非常重要的技术之一，掌握好后可以大大提高背打技术。当防守球员正对着自己时，单脚向前迈出一步，位于防守球员两腿之间。然后以这条腿为轴，后旋转体。

迈步穿行

先向篮筐方向迈出一步，前脚和手腕快速从防守球员身前滑过。

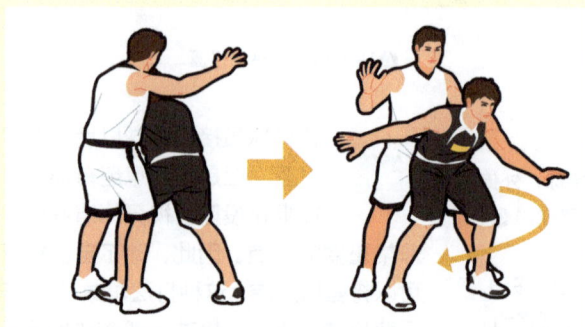

转体截球

单脚向前迈出一步，位于防守球员两腿之间；然后以这条腿为轴，后旋转体。在防守球员前面做"基本姿势"。

第四章
运　球

　　不看球而连续拍球，是成功运球的第一步。运球是迅速改变方向和速度的重要武器。在比赛中要对场上空间有足够的认识，并且要有明确的运球目标。

运球的基础知识

1 关于运球

◎ 运球时要有明确的目的，在必要的范围内尽量少运球

一般来说，队伍的打法越拖沓，运球次数就有可能越多。运球是把双刃剑，优秀的球员会运用运球打开局面，甚至帮助完成决定性的投篮。但是目标不明确的运球会打破团队的进攻节奏。所以如果可以目标明确，在必要范围内尽量少地运球，运球将会成为非常有效的武器。

◎ 运球在何种情况下有效

运球在什么情况下运用最有效果？我们为大家进行了总结。

① 将球运至前场

避免失误，速度快是该运球方法的要点。注意运球过程中篮球不要被对手抢走。

② 改变传球方向

特别是在背打时有对方防守阻拦的情况下经常用到，可以改变传球路径。

③ 从危险的场所逃出

从"双人组合"的拦截，或者从底角脱离出去时常用运球法。

④ 进攻左右边转换

在转换进攻左右边、从三分球线以外进入三分线以内时非常有效。

⑤ 突破防守间隙

"防守间隙"就是两名对方防守球员之间的间隙。特别是对区域防守来说是非常有效的。快速运球，穿过间隙，有助于得分。

⑥ 带球突破（突破防守）

在只有一名防守阻拦的情况下，通过运球可以突破进而进攻投篮。这时需要迅速、有力的运球。

刚才介绍的是在比赛中可以用到的运

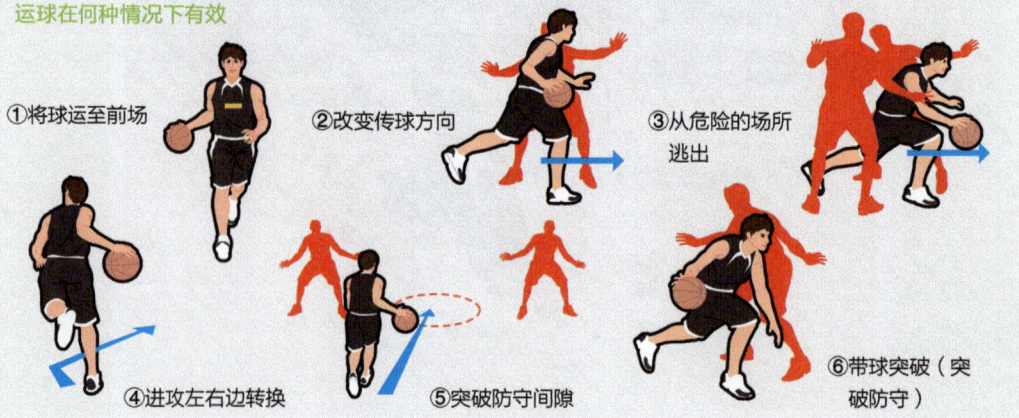

运球在何种情况下有效

①将球运至前场　②改变传球方向　③从危险的场所逃出　④进攻左右边转换　⑤突破防守间隙　⑥带球突破（突破防守）

球技巧。当然最重要的是在比赛中要清楚地知道自己运球的目的是什么。

◎运球时要有空间感

"空间感"是有效运球的重要关键词。

和队友距离太近时，通过运球形成合适的距离。另外，带球突破也是进攻的重要武器。要像能俯瞰队友的位置、与队友的位置、防守的间隙一样，有空间感。

另外，在和对方离的比较远时，可以投篮；在和对方离的比较近的时候，可以用运球打开局面。

2　运球中的注意事项

◎运球过程中不看球

本章的技术解说部分将会介绍"控制运球"和"突破运球"两种运球方法。"控制运球"是在比赛中不断开展进攻时常使用的基本运球打法。"突破运球"是遇对方防守阻拦时常用的运球打法。

无论哪种运球，在比赛中若想发挥运球作用，首先要做到能不看球运球。同时，步法和动作的连续性是关键。篮球的控制和腿部的运动应该是一体的。

另外，在比赛中，"变速（Change of pace）"和"变向（Change of direction）"是很重要的关键词。转变方向和速度时动作要迅速。

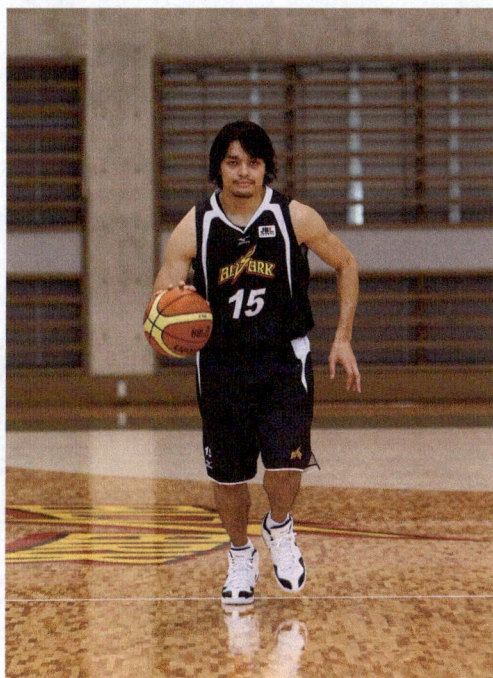

▲运球时要做到不看球。

3　练习注意事项

◎要熟练掌握动作技巧

运球和其他技术一样，需要全队全体成员都能很好掌握。我们经常可以看到一支队伍中只有个别队员技术水平高（大部分是控球后卫），这样一来全队的水平还是比较弱。因此球队实力的增强需要靠全体成员的共同努力。

另外，一般来说，在比赛中，运球次数越少，队伍整体实力就越强。因此要时刻记住在没有具体目的时尽量不要运球。

控制运球（无防守）

技术解说

不要低头。

视线放远，尽量可以看到全场的情况。

身体略微前倾，背部挺直。

在体前运球被防守球员抢走的可能性增大。

膝盖微曲，重心下移。

技术解说 在身体两侧拍球

运球有很多种技术，如"胯下运球"（150页）、"背后运球过人"（151页）等。但是所有的动作都是基于一个基本形发展而来的。本节介绍的"控制运球"就是这样的基本型。在远离防守的位置，一边观察周围，一边准备下一次进攻。要注意的是，运球时不要看着球，重心下移，在身体两侧拍球。

技术解说

控制运球（有防守）

不要低头。

视线放远，尽量可以看到全场的情况。

身体略微前倾，背部挺直。

在防守球员一侧的手臂上抬护住球。

NG

背部不挺直的话，身体容易向前栽，这样难以快速进行下一个动作。

膝盖微曲，重心下移。

在远离防守球员的一侧拍球。

技术解说 **身体侧对对方防守，抬起手臂**

　　当防守球员不断靠近自己时，身体侧对防守护球。不拍球的手的手臂上抬，和防守隔开一定距离。

　　和刚才介绍的无防守的"控制运球"一样，抬头观察周围情况，膝盖微曲，重心下移。用这一姿势护住球。根据防守的反应，来判断下一步应该投篮、传球还是跑向篮下。

133

技术解说

突破防守运球

第一步要大

STEP 1 在胸前左右移动篮球，试探防守球员。

STEP 2 迈出一大步，开始运球。

技术解说 **通过快速、灵活的运球寻找机会**

本节介绍的"突破防守运球"，是通过快速、灵活的运球，避开防守的一种打法。也可以顺势运球至篮下投篮。这是得分的重要一步。

其技术要点是整体过程都要快速、有

力；第一步、第二步要用力蹬出；上体微转，背部正对防守球员。当然，作为运球的基本注意点之一，抬头，不看球，在"突破防守运球"中也需时刻注意。

基本动作

投篮

背打

运球

传球

篮板球

1对1

协调性

上体微转，使背部对着防守球员，肩像快要顶到对方的腰一样。

不要低头看球

用力快速突破

保持重心下移

STEP 3 保持重心下移，迈出第二步。

STEP 4 保持速度，甩下对方防守。

教练笔记

本节介绍的"突破防守运球"，最重要的是第一步和第二步，可以被称作决定运球胜负的阶段。第一步步幅要大，同时篮球要向身体前方移动。不可以将球置于身体侧面运球，否则会阻碍速度，造成失败。

NG

▶ 在身体两侧运球难以加速。

运球

练习
082

食指运球

重要度 ★

难度水平 ★

场地 任意

目的　运球训练一个人也可以完成。拍球时要用到指腹（手指从上数第一关节以上的部分），因此本练习通过一根手指拍球，感受拍球时指腹的感觉。

手肘、手腕不用力

■ 用一只手指拍球。

■ 注意球只与手指指腹相接触。

练习步骤

① 持球准备。
② 只用食指拍球。

教练笔记　该练习只是为了强化运球时手指的感觉，所以不必用力拍球。右手练习完以后，同样的，也挑战一下左手。

运球

练习
083

指尖运球

重要度 ★

难度水平 ★

场地 任意

目的　练习完食指运球后，可以练习5根手指一起拍球，这也更接近实际比赛的场景。五指张开，像手指抓住篮球一样。

■ 只用五指指尖拍球。

练习步骤

① 持球准备。
② 只用五指指尖拍球。

教练笔记　练习时五指张开，看起来像手指抓住篮球一样。重复练习，可以自然地掌握运球时手指的用力方式与动作。注意手腕要像"手腕练习"（52页）一样，手背要自然弹起。

重要度 ★★

难度水平 ★★★

场地 **有墙壁的地方**

基本动作

投篮

背打

运球

传球

篮板球

1对1

协调性

练习 084

对墙运球

目的 一个人对墙练习。像"指尖运球"（136页）一样，只用指腹拍球。手腕放松，可以和"手腕练习"（52页）一同训练。

持球在墙壁前站立。

只有指腹接触篮球。

面向墙壁拍球。

练习步骤

① 持球在墙壁前站立。

② 面向墙壁拍球。要有节奏地连续拍球。

给球员的建议

同样是面对墙壁练习，"对墙投球"和"对墙运球"的"指尖"和"指腹"用力的感觉是不同的，要用心体会。当然，要仔细确认该墙壁是否适合投掷篮球之后再开始练习。

教练笔记 该练习的要点是快速且有节奏的运球。这需要手掌以及五指的指腹有意识地控制篮球。通过该训练可以更好地掌握运球。

基本动作

投篮

背打

运球

传球

篮板球

1对1

协调性

重要度 ★★

难度水平 ★★

场地 **任意**

练习 085

三点运球

目的 在身体右侧、下方和左侧三点运球，目标是无论在哪个位置都能够自如地运球。俯瞰时篮球移动轨迹呈"8字形"。

注意不要低头看球。

▌在身体左侧用左手拍球一次。

▌经胯下将篮球从身体前方传向后方，右手接球。

▌右手接球后拍球一次。

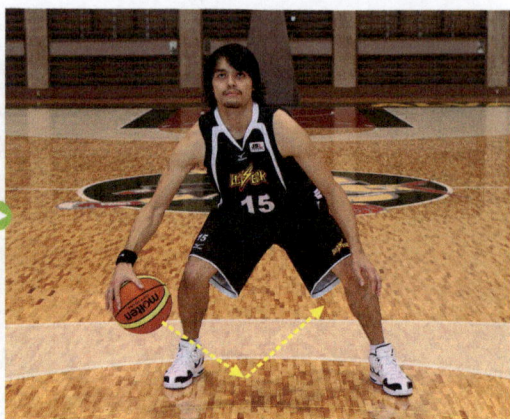

▌经胯下将篮球从身体前方传向后方，左手接球。

练习步骤

① 持球做基本的运球姿势（132页）。

② 在身体左侧用左手拍球一次。

③ 经胯下将篮球从身体前方传向后方，右手接球。

④ 右手接球后拍球一次。随后经胯下将篮球从身体
前方传向后方，左手接球。

教练笔记 在还没熟练之前，可以多拍几次再传到另一只手上。整个过程手肘的运动要连续。

重要度 ★★

难度水平 ★★★

场地 **任意**

基本动作

投篮

背打

运球

传球

篮板球

1对1

协调性

练习 086

一点运球

目的 拍球落点固定在两腿之间的一点上，从左手传到右手上，从右手再传到左手上。和刚才介绍的"三点运球"（138页）一样，俯瞰时篮球移动轨迹呈"8字形"。

注意不要低头看球。

■ 篮球落点固定在一点上。先从左手开始。

■ 在两腿间拍球，右手接球。

像画圆一样将球运向身体前侧。

■ 右手接球以后，经膝盖向前运到身体前侧。

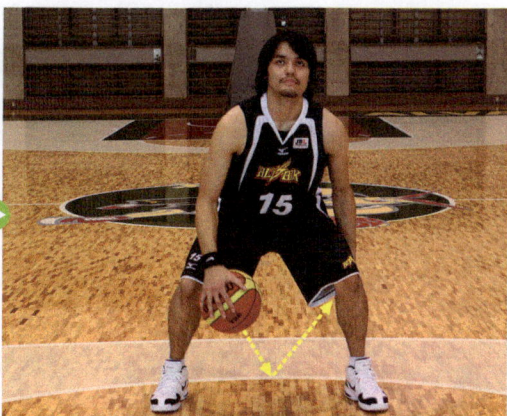

■ 在两腿间拍球，左手接球。

练习步骤

① 持球做基本的运球姿势（132页）。

② 胯下运球，篮球从左手传到右手。

③ 右手接球以后，经膝盖向前运到身体前侧，再次在胯下运球，落地点和刚才一样。重复训练。

教练笔记 "1点运球"是"3点练习"的延伸练习。在"1点运球"时要尽量提高速度，缩短手与篮球接触的时间。整个过程要连续。

运球

重要度 ★★

难度水平 ★★

场地 任意

练习 087

读数字

目的 该练习的目的是在不看篮球的情况下进行运球。抬起头，边运球边看搭档示意的数字。通过这项练习可以养成边运球边把握周围情况的能力。

边运球边抬头看着搭档示意的数字，并读出。

练习步骤

① 两人一组，一人持球。
② 边运球边抬头看向搭档。
③ 读出搭档示意的数字。

教练笔记 通过该练习可以使球员做到不看球运球。在该练习熟练完成后，可以让搭档伸出双手，球员边运球边算出加法和乘法的计算结果。

运球

重要度 ★★

难度水平 ★★

场地 中圈

练习 088

圆圈捉人

目的 两名队员在中圈的线上，边运球边做追逐游戏。运球时逐渐加速，步幅要小。

在线上两人同时运球，互相追逐。

练习步骤

① 两人持球，分别站在中圈圆直径的两端。
② 通过剪刀石头布等方式决定谁捉人，谁被捉。
③ 两人同时开始运球，捉人者努力追上前面的队员。

教练笔记 在中圈上的运球习惯以后，可以加上中间的直线。在中圆和直线上移动，可以掌握在锐角转体运球的技巧。

运球

练习
089

运球追逐游戏

重要度 ★★

难度水平 ★

场地 半场

目的 和"圆圈捉人"一样，要求队员边运球边做追逐游戏。在更加宽阔的地方练习，可以长距离、快速的移动。

← 运球

被捉人者接触到后，就成为了捉人者继续捉人。

练习步骤

① 人数根据场地的大小调整。半场可以安排10~15人，每人都持球。

② 通过剪刀石头布等方式决定谁先来捉人。

③ 全员开始运球，捉人者追其他队员。

④ 队员运球出现失误，或者被捉人者捉到，就成为了下一个捉人者。

教练笔记 在游戏氛围中，锻炼队员不看球运球的能力。具体安排要根据场地大小、人数、水平决定。

运球

练习
090

两人运球练习

重要度 ★

难度水平 ★★

场地 中圈

目的 在中圈内运球的同时将对方篮球推出线外。通过练习可以提高护球能力，并且运球时的视野会更宽阔。

将对方的篮球推出线外即为胜。

练习步骤

① 两人在中圈内持球。

② 两人同时开始运球。

③ 在护球的同时将对方的篮球推出线外者获胜。

教练笔记 在篮球比赛中要求边仔细观察对方，边护住篮球。另外，运球时不看球也是必须要掌握的技巧。本节的练习，可以有效提升这些能力与技巧。

重要度 ★★

难度水平 ★★★

练习
091

双手运球（左右同时）

场地 半场

目的

"双手运球"练习的目的是左右双手都能掌握运球技巧，并养成不看球运球的习惯。在没有熟练之前，可以先慢速向前运球。

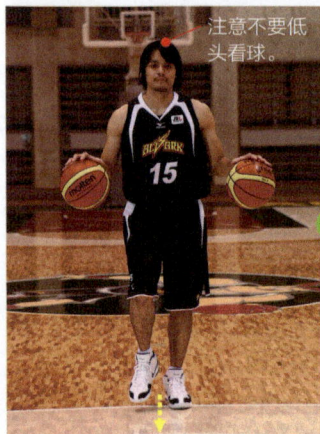

注意不要低头看球。

左右手各持一球。

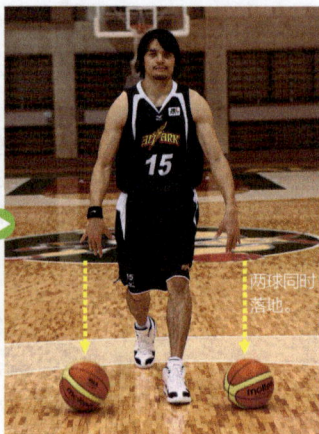

两球同时落地。

左右手同时运球。

放低重心运两次球。

放低重心再运两次球。

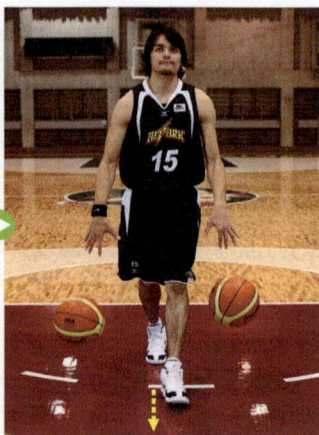

身体直立，继续向前运球。

练习步骤

① 左右手各持一球，缓慢向前运球。两球同时落地。

② 运球三次以后，停下脚步，两腿前后分开，重心降低，保持此姿势运球两次。

③ 回到原来的姿势再次向前运球。从一侧端线开始到另一端线结束重复练习。

变式组合

团队训练时，教练可以通过吹哨或者发出"拍球"等指令，给球员下蹲拍球或起身前进的信号，让整个训练更加流畅。初学者如果难以前进的话，可以先从原地开始练习。

教练笔记

即使双手运球，不看球运球仍是运球时的基本原则。另外，双手运球时经常会出现惯用手拍球弹起过高的情况，这种情况下，另一只手应加大力气，使两手用力基本相同。

重要度 ★★

难度水平 ★★★

场地 **半场**

练习 092

双手运球（左右交替）

目的 本项练习是上一个练习的变式。左右双手交替拍球。注意两球弹起高度应大致相同。

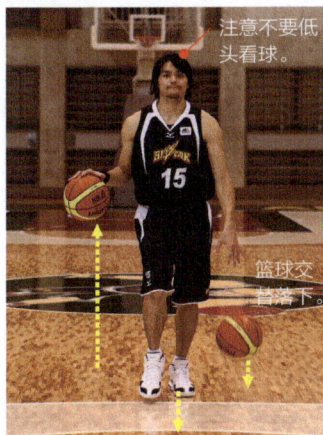

注意不要低头看球。

篮球交替落下。

左右手各持一球，运球前进。

左右手交替运球（左手向下，右手就向上；右手向下，左手就向上）。

练习步骤

① 左右手各持一球，缓慢向前运球。两球交替落地。

② 运球五次以后，停下脚步，两腿前后分开，重心降低，保持此姿势交替运球四次。

③ 回到原来的姿势再次向前运球。从一侧端线开始到另一端线结束重复练习。

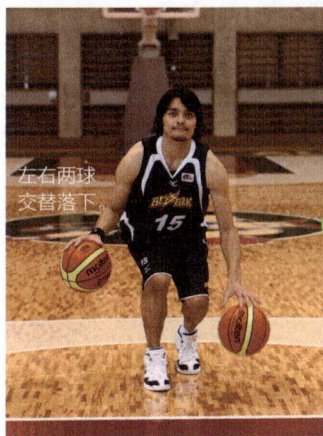

左右两球交替落下。

运球五次后降低重心，下蹲运球四次。

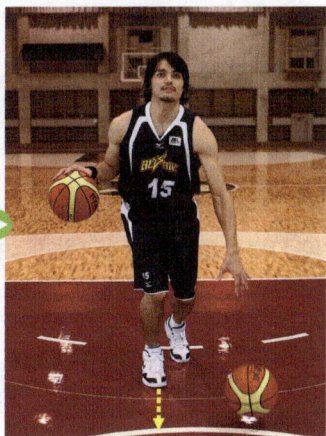

身体直立，继续向前运球。

变式组合

这是上一个练习的变式，左手抬起，右手下落，双手用不同的节奏交替运球。同时，这一练习还能强化非惯用手的运球水平，有助于锻炼不看球运球。多加练习以求熟练。

教练笔记 "双手运球（左右交替）"要求左手抬起，右手下落，双手用不同的节奏交替运球。比起左右手同时运球难度要大很多，因此要注意节奏，保持平衡。

运球

练习 093

单手运球投篮（直线）

重要度 ★★★
难度水平 ★
场地 **全场**

目的 通过练习，可以提高单手控制篮球的能力，同时也可以掌握从运球到投篮的一系列技术。另外，熟练之后不断加速，也可以增强体力，提高持久性。

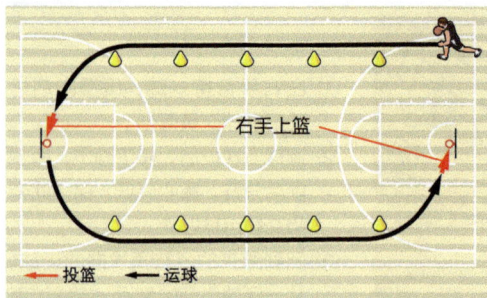

右手上篮

← 投篮　← 运球

练习步骤

① 如图所示，边线上设有10个标识。
② 从底线出发，只用边线侧的手运球，直线前进。
③ 运球的那只手"上篮"（60页）投球，捡球后再次单手运球，沿另一侧边线运球返回。

教练笔记 右手运球时，要用右手投篮，全程不使用左手；在右手运球投篮结束后换左手练习。

运球

练习 094

单手运球投篮（弯道）

重要度 ★★★
难度水平 ★★
场地 **全场**

目的 这是上一个练习的变式，同样的在边线上也设有10个标识。通过绕过标志物（Z字形），可以感受并练习身体的扭转、运球时手的动作、步法等。

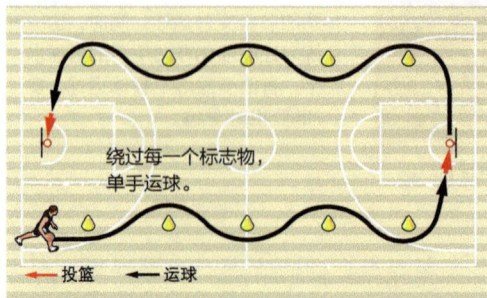

绕过每一个标志物，
单手运球。

← 投篮　← 运球

练习步骤

① 如图所示，边线上设有10个标识。
② 从底线出发，只用边线侧的手运球，绕过标识弯道前进。
③ 运球的那只手"上篮"（60页）投球，捡球后再次单手运球，沿另一侧边线运球返回。

教练笔记 越过障碍物弯道运球，可以提高对篮球的控制力，并有助于掌握运球的技巧和步法。注意运球时不要看着篮球。

运球

练习 095

单手运球投篮（直线）

重要度 ★

难度水平 ★

场地 **全场**

目的 该练习可以提高运球速度，同时也能提高在后面追赶的队员的跑步速度。要求在全场用尽全力向前跑去。

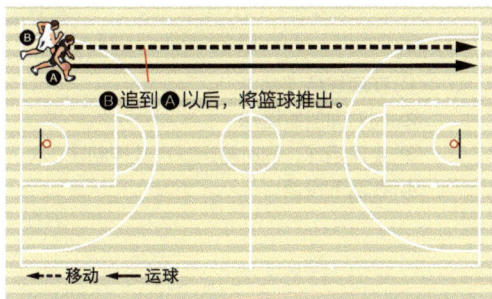

Ⓑ追到Ⓐ以后，将篮球推出。

---●-- 移动 ←— 运球

练习步骤

① 运球球员Ⓐ和防守球员Ⓑ在底线附近做好准备。Ⓐ持球，站在Ⓑ的两步之前。

② Ⓐ开始运球时Ⓑ开始追Ⓐ。

③ Ⓐ始终只用一只手运球，要用全速以避免被Ⓑ追到。

教练笔记 在防守球员的追赶下运球，可以使球员感受到紧张感，激发潜力。对于防守球员来说，追赶目标的训练也可以提高其跑步速度。

运球

练习 096

边线往返练习

重要度 ★ ★

难度水平 ★ ★ ★

场地 **半场**

目的 通过在边线之间运球往返，运球速度可以得到大幅提高，体力与持久力也能增强。另外，该练习对转体技术要求较高。

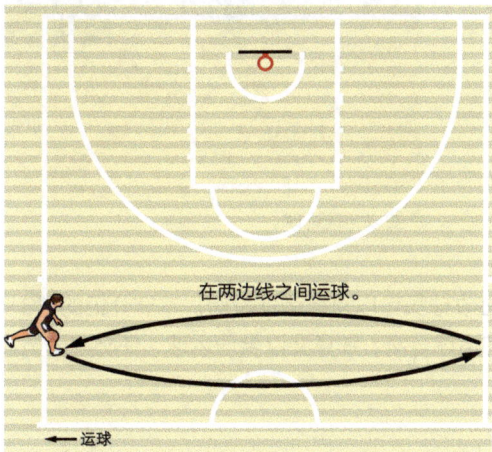

在两边线之间运球。

←— 运球

练习步骤

① 在边线上持球站立。

② 收到教练（队友）的开始指令后向对面运球。

③ 到达对面边线以后踩线返回。如此往复，持续1分钟。

教练笔记 1分钟的目标是踩到边线17次。以全速持续运球1分钟并不是一件容易的事情，所以这也是一项锻炼体力的练习。

运球

重要度 ★

难度水平 ★★★★★

📍 场地 **全场**

3次运球投篮

目的 从一侧底线向另一侧篮筐运球，运球次数限制在3次，到达篮下后"上篮"。通过该练习，不仅可以提高跑步速度，也能更好地掌握运球方法。

在篮下"上篮"。

从底线向另一侧篮筐运球，
只能运球3次。

← 投篮　← 运球

练习步骤

① 在底线持球站立。
② 向对面篮筐运球。
③ 全速运球，同时将运球次数控制在3次。
④ 在篮下投篮。

变式组合

只经过3次运球就能成功上篮，这并不是一件容易的事。因此无法完成也不要失落难过。刚开始可以试一下自己运多少次球才能上篮，然后随着跑步速度提高，运球技巧的完善，再次尝试一下3次运球投篮。

■ 要以全速运球。

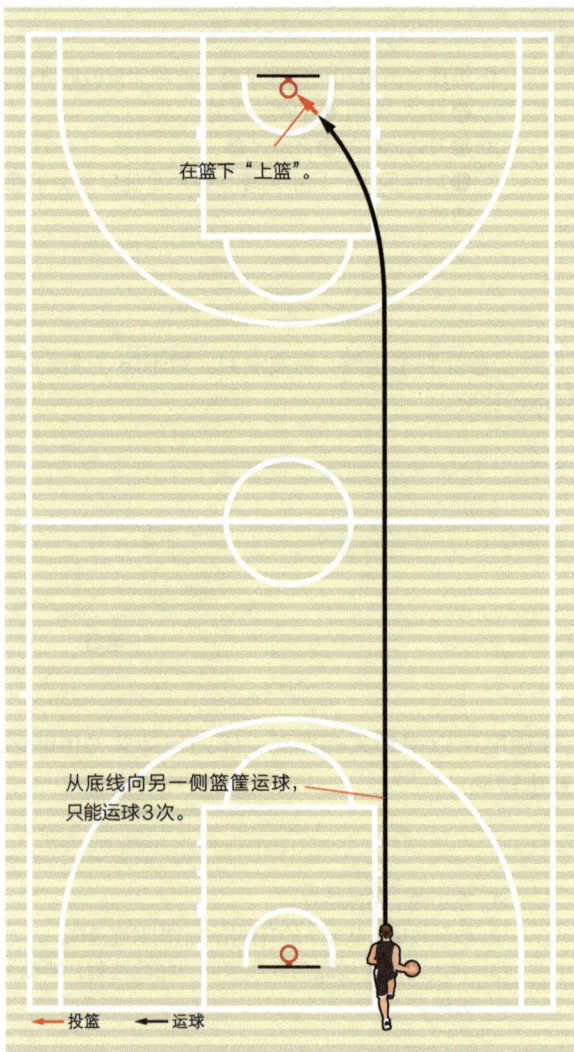

教练笔记 比赛中在前方没有防守球员的情况下，进攻球员可以直接运球投篮。本节介绍的"3次运球投篮"就是这种情况下可以采用的运球方法。注意要以全速运球，使防守球员无法追上。

重要度 ★★★★

难度水平 ★★

场地 **任意**

练习 098

变速

目的 在运球过程总可以避开防守的阻拦。慢速运球突然加速，或者快速运球时突然停止，这样会打破防守节奏，从而突破防守。

全速

■ Ⓐ全速运球。

■ 和Ⓑ的距离缩小时，突然降低速度。

■ Ⓑ即将阻拦时，Ⓐ停止。

重心下移，一口气越过B。

■ 再次以全速向前运球，甩开防守。

练习步骤

① 进攻球员Ⓐ运球前进，防守球员Ⓑ阻拦。

② Ⓐ全速前进，距离Ⓑ较近时突然放缓速度。

③ 当Ⓑ随Ⓐ的速度变化做出反应时，Ⓐ再次加快速度从而避开Ⓑ的防守。

教练笔记 篮球中有很多运球方法，接下来会依次介绍。但是最重要的一点是要掌握利用速度的变化避开防守的技巧。速度变化是运球的关键，十分重要。

运球

练习 099 转变方向

重要度 ★★★★

难度水平 ★★

场地 任意

目的 减慢运球速度时常用的技巧。快速小步伐踏步，逐渐停止，观察对方防守，寻找合适时机转变方向。

不要低头看球

抬头，运球。

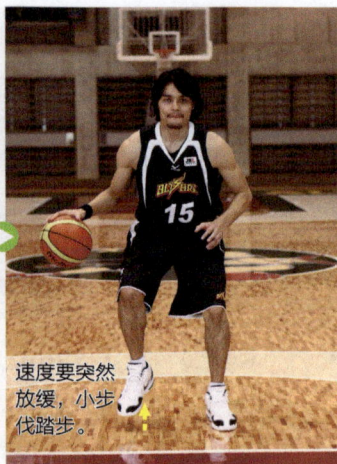

速度要突然放缓，小步伐踏步。

观察场上情况，在合适的地方，快速小步伐踏步，逐渐停止。

练习步骤

① 运球前进。
② 观察场上情况，在合适的地方，快速小步伐踏步，逐渐停止。
③ 转变方向再次运球。

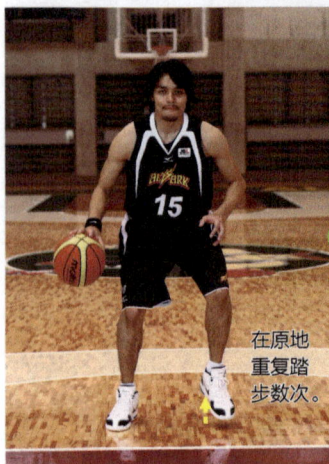

在原地重复踏步数次。

在原地踏步。

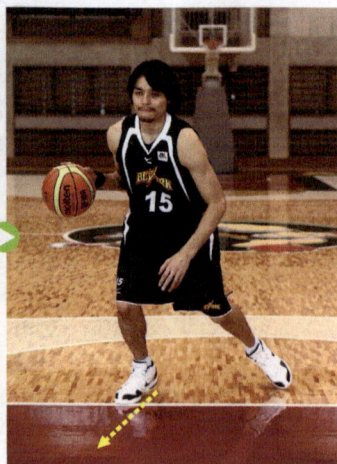

转变方向再次运球。

变式组合

很多球员刚开始训练时可能不知道在哪里开始小步伐踏步比较好。球员可以从一侧底线出发，到达另一侧的罚球线、中圈、罚球区时开始踏步。另外，团队训练的时候，教练通过吹口哨或者发出"踏步"的指示来提醒球员踏步转向。

教练笔记 运球时突然停下，使防守球员难以推测其下一动作，易于脱身。该打法难度系数并不高，因此希望大家好好掌握。

基本动作 投篮 背打 运球 传球 篮板球 1对1 协调性

148

| 重要度 | ★ ★ ★ ★ |
| 难度水平 | ★ ★ |

练习 100

左右手互换

🖼 场地　**任意**

目的 ▶▶ 运球时将篮球在体前从左手交换到右手，或者从右手交换到左手。这是非常常用的打法，这有助于快速转换方向。

注意不要低头看球。

■ Ⓐ运球前进。

■ Ⓑ防守时，Ⓐ在身体正面左右交换篮球。

■ 接住篮球。

■ 提高速度，保持重心下降，运球甩开防守。

练习步骤

① 进攻球员Ⓐ运球，Ⓑ加以防守。

② 受到Ⓑ的阻拦后，Ⓐ在体前左右交换篮球，转变运球方向，继续以全速运球。

教练笔记 这一打法是运球转体中最基本的打法。手掌放在篮球侧面，手指旋转篮球，将其传到另一只手上。

练习 101

胯下运球

重要度 ★★★

难度水平 ★★★

场地 **任意**

目的 胯下运球在比赛中使用频率很高，要求球员熟练掌握。要注意运球时不要看着球，篮球不要碰到腿。

注意不要低头看球。

■ Ⓐ运球前进。

在两腿间向后拍球。

■ Ⓑ防守时，Ⓐ在两腿间拍球。

■ 在身后接球。

保持重心下降，快速避开防守。

■ 保持重心下降，加快速度，再次运球甩开防守。

练习步骤

① 进攻球员Ⓐ运球，Ⓑ加以防守。

② 受到Ⓑ的阻拦后，Ⓐ在两腿间向后运球，接球后，改变方向，继续以全速运球。

教练笔记 胯下运球要求球员两腿前后分开，重心下移，在两腿间运球。该打法可以在用双腿护球的同时，转变方向。因此，当和防守之间距离比较小的时候，胯下运球非常有效。运用"左右手互换"（149页）时面临被抢球的情况下可以考虑使用本打法。

练习
102

身后运球

目的 通过"身后运球"的训练，可以在背后左右移动篮球。难度系数很高，但是多次练习以后都可以熟练掌握。

注意不要低头看球。

Ⓐ Ⓑ

■ Ⓐ运球前进。

手臂伸直

Ⓑ Ⓐ

■ Ⓑ防守时，Ⓐ向背后传球。

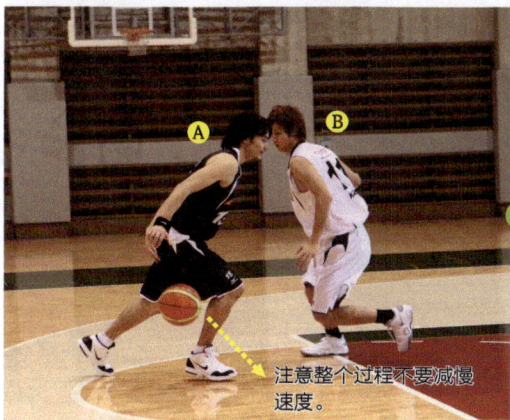

Ⓐ Ⓑ

速度不要减慢

注意整个过程不要减慢速度。

■ 越过背部向前掷球。

Ⓐ Ⓑ

■ 接球后继续全速运球，突破防守。

练习步骤

① 进攻球员Ⓐ运球，Ⓑ加以防守。

② 受到Ⓑ的阻拦后，Ⓐ向背后运球，改变方向，继续以全速运球。

教练笔记 其要点是尽量将球移动到距离背部较远的位置，这就需要手臂向后伸直。因为手掌的方向和即将运球的方向是一致的，手掌要放置在篮球的正后方，同时注意手腕的运动。

重要度	★★★
难度水平	★★★
🏀 场地	任意

练习 **103**

后撤运球

目的 在比赛中，除了向前运球，也可以后撤运球。通过将篮球向自己身体方向拉，可以和防守之间留出空间。

注意不要低头看球。
Ⓐ Ⓑ
■ Ⓐ运球前进。

Ⓐ Ⓑ
将篮球向身体方向掷去。
■ Ⓑ防守时，Ⓐ将球向身体方向移动。

Ⓐ Ⓑ
身体下蹲，一气呵成。
■ 另一侧手接球。

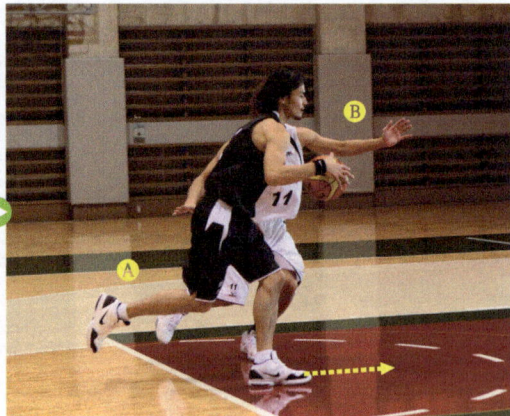
Ⓐ Ⓑ
■ 再次加速运球，甩开防守。

练习步骤

① 进攻球员Ⓐ运球，Ⓑ加以防守。

② 受到Ⓑ的阻拦后，Ⓐ将球向身体方向掷去，另一只手接球。

③ 防守球员Ⓑ看到Ⓐ后撤，进一步向前阻拦。此时Ⓐ转变方向，加速运球，避开防守。

教练笔记 通过改变运球方向，可以避开防守阻拦。转变运球方向有很多种方法，要熟练掌握。后撤运球就是其中重要一种，其要点是在将球引向身体时，身体重心迅速后移。身体各部分相互配合好，动作要流畅。

练习 104 转圈

重要度 ★★★

难度水平 ★★★

场地 任意

目的 在运球同时转身一周，突破防守。多加练习，快速转身。

▲ 运球前进。

遇到 ⑧ 防守阻拦，Ⓐ 停止。

视线转向目标方向。

篮球向身体后方移动。

停止时，以位于前侧的脚为轴转身。

以前脚为轴旋转一周。

再次加速运球，避开 ⑧。

练习步骤

① 进攻球员 Ⓐ 运球，⑧ 加以防守。

② 受到 ⑧ 的阻拦后，Ⓐ 在运球的同时转身一周，突破防守。

教练笔记 转身时要以前脚为轴旋转，旋转半径小且速度快。自由足（旋转的脚）要尽量靠近不动的脚。手臂伸直，将篮球向身体后方移动。

运球

练习 105

单手左右运球

目的 不将球换到另一只手上，仅利用单手左右移动篮球，以干扰防守计划。身体各个部位要积极配合，提高成功率。

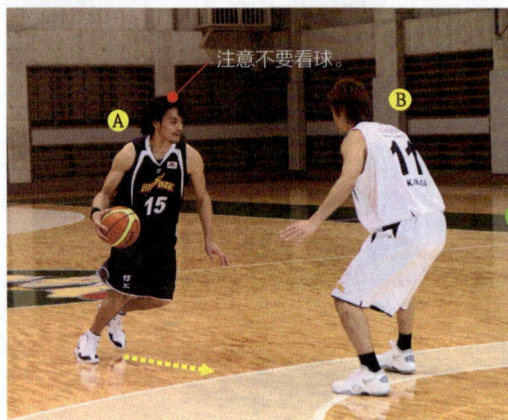

注意不要看球。

A 运球前进。

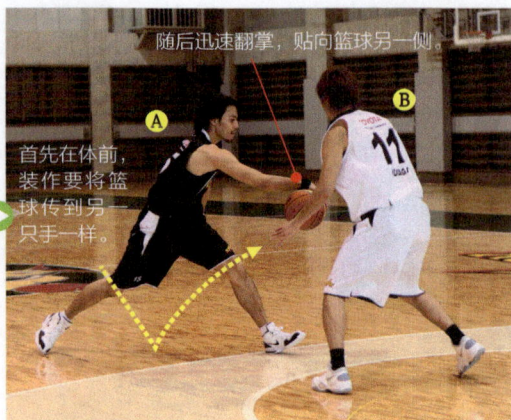

随后迅速翻掌，贴向篮球另一侧

首先在体前，装作要将篮球传到另一只手一样。

装作即将将球传到另一只手一样，随后迅速用该侧手掌将球拉向身体一侧。

同一只手继续运球。

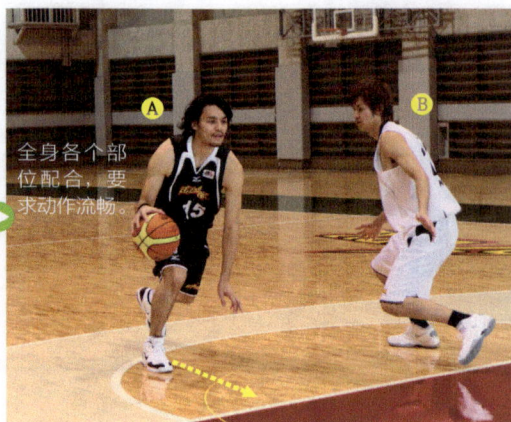

全身各个部位配合，要求动作流畅。

加速运球，突破防守。

练习步骤

① 进攻球员**A**运球，**B**加以防守。

② 受到**B**的阻拦后，**A**运用"左右手互换"（149页）打法。

③ 若**B**随**A**的动作移动时，**A**迅速翻掌，贴向篮球另一侧往回运球。

教练笔记 在体前移动篮球，会引起防守的注意。当防守球员对"左右手互换"有所反应时，将球返回原来的手，通过这一打法打破防守节奏，从而避开防守。

重要度 ★★

难度水平 ★★★★

场地 **任意**

练习 106 托尼·帕克运球

目的 学习海外最顶尖的技术，使之变成自己的技术。"托尼·帕克运球"要求向前迈出一大步，随后在一瞬间加速，甩掉防守队员。

注意不要看球。
■ Ⓐ运球前进。

■ 被防守球员Ⓑ阻拦以后，重心下降。

■ 转身将后背对向防守，向前迈出一大步，运球。

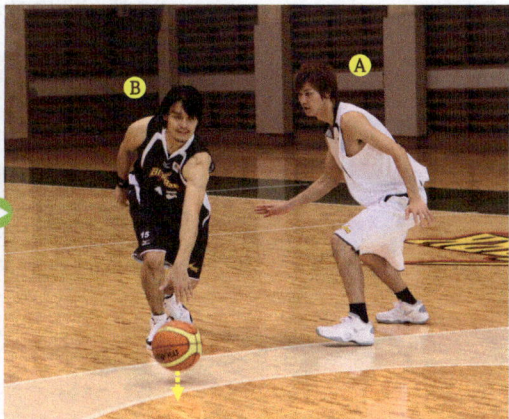
■ 加速，甩开防守。

练习步骤

① 进攻球员Ⓐ运球，Ⓑ加以防守。
② 受到Ⓑ的阻拦后，Ⓐ一边转变方向，一边迈出一大步运球，以避开防守球员Ⓑ。

教练笔记 该打法来源于NBA著名法国籍球星托尼·帕克，这是他最擅长的运球打法。该动作包括"左右移动""速度变化"等多种基本要素，在比赛中非常有效。如果能够灵活切换该动作和刚刚介绍的"单手左右运球"，对防守球员来说会难以应对。

基本动作

投篮

背打

运球

传球

篮板球

1对1

协调性

练习
107

双球练习

目的 难度系数很高，一人使用两个球进行练习。左手和右手同时运球，随后转体。

注意不要低头看球。

两球同时落地。

同时双手向前运球。

运球三次以后准备向后转体。

练习步骤

① 从底线开始，双手各持一球，向斜前方运球。注意两球同时落地。

② 运球三次以后向后转身，随后继续运球。从底线开始到底线结束不断重复。

一边运球一边转体，转体过程中运球两次。

再次运球前进。

给球员的建议

从右侧转身和从左侧转身要交替练习。另外，因为单手运球转体是这一动作的基础，如果刚开始无法顺利完成双球练习的话，可以从单手运球转身开始。

教练笔记 注意双手要同时运球，这样有助于顺利转身。如果运球过程中像是将篮球从地面捡起一样，则容易犯规，练习中也要注意这一点。

双球练习

重要度 ★

难度水平 ★★★★★

场地 全场

目的 ▶▶ 双手运球，一手在身体前侧"左右手互换"，一手"身后运球"，使两球同时左右手互换。这个练习难度系数非常高，可以熟练完成是一件非常值得骄傲的事情。

注意不要低头看球。

右手"体前左右手互换"

两球同时落地。

同时双手向前运球。

左手"身后传球"。

以后在前侧"左右手互换"，另一只手在背后"身后传球"。

篮球掷出后左右手交换接球。

接球后再次运球前进。

练习步骤

① 从底线开始，双手各持一球，向斜前方运球。注意两球同时落地。

② 一只手体前"左右手互换"，（照片中是右手），另一只手"身后互换"，左右手交换接球。从底线开始到底线结束不断重复。

给球员的建议

"身后运球"与"体前左右手互换"相比，前者的难度更大。因此球员在进行此项训练时容易把精力都放在"身后运球"上，这样就会导致体前交换篮球的失误。训练时要对两种技术都充满自信，注意双手节奏一致。

教练笔记 注意双手要同时运球，这样有助于顺利转身。如果运球过程中像是将篮球从地面捡起一样，则容易犯规，练习中也要注意这一点。

基本动作

投篮

背打

运球

传球

篮板球

1对1

协调性

运球

运球合集

重要度 ★★★★★

难度水平 ★★★★

场地 半场

目的 通过连续地综合地运球练习，可以有效地掌握各项运球技术。在练习时要有意识地练习变速与变向。

以"上篮"或起跳投篮作为结束。

← 投篮　← 运球

练习步骤

① 从底线开始（图中❶的位置），通过"转变方向"（148页）开始运球前进，开始时速度要快。

② 在❷处"胯下运球"（150页）。

③ 在❸处"转身一周"（153页）。

④ 在❹处"后撤运球"（152页）。

⑤ 在❺处"身后传球"（151页）。

⑥ 在❻处"单手左右运球"（154页）。

⑦ 在❼处"左右手互换"（149页）。

⑧ 在篮下"上篮"（60页）或"起跳投篮"（56页）。

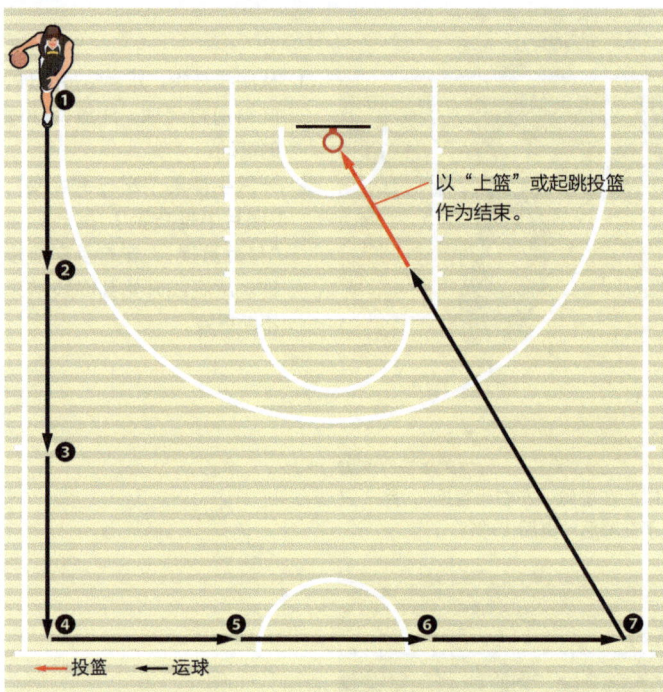

给球员的建议

在实际比赛中一个选手运用的运球技术并不太多。但是并不能只练习常用的那几种。场上不常使用的运球技术也要多加练习。比赛时的状况变幻莫测，掌握好这些技术，可以以防万一，为自己赢得机会。

教练笔记 因为是综合的运球技术训练，需要球员在掌握好每一种运球技术以后再进行该项训练。在熟练之前不要着急，可以放慢速度，注意节奏。另外，运球时不要看着篮球也是本书反复强调的一点，希望大家注意。

▶ 不看着篮球运球是运球技术中最基本的原则。

第五章

传　球

传球是团队进攻中不可缺少的一个基本要素。传球，顾名思义，就是将球传至队友，且在此过程中篮球不能被防守抢走，因此对传球双方的技术都有要求。首先进行面对面传球，在此基础上不断提高传球技术。

基本动作

投篮

背打

运球

传球

篮板球

1对1

协调性

传球的基础知识

1 关于传球

◎传球的目的就是将篮球传到队友手上

传球是团队进攻必不可少的基本要素。移动篮球的方法除了运球，还有传球。比起运球，传球速度更快，也更容易打破防守节奏。

"传球过程中注意篮球不要被抢走，并准确地传到队友手中"，这是篮球传球最重要的一点，但能做到这一点实际上并不容易。当然，即使自己身体平衡没有掌握好跌倒了，但是篮球成功传到队友那里，这也算传球成功。要时刻注意防守球员，根据场上具体情况灵活应对。

○根据具体情况选择不同的传球方法

在传球的分类中，除"胸前传球"（162页）以外，还有"平行于地面""击地传球""山形传球"等根据篮球移动轨迹划分的传球方法。比如在传球队员和接球队员之间有一个防守，那么使用"头上传球"的方式使篮球轨迹成"山形"，就可以避开防守球员。这样根据具体情况选择不同的传球方式可以提高传球的成功率。

○为对方设身处地着想

传球最少需要两名队员的配合。传球者要尽量让接球者容易接球，同样地，接球者也要尽量让传球者更容易传球过来，双方都要为对方着想。同时也要观察队友当前处境和状态，判断其接下来的动作。选择传给谁时应有明确的目的性，比如应将球传给便于向下一步移动的队友，或者传给可以直接投篮的队友。

▲"胸前传球"是最有代表性的传球方法

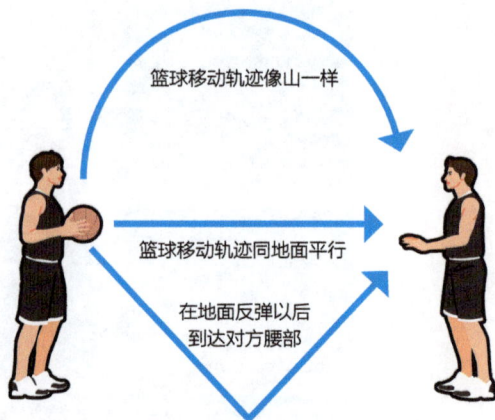

篮球移动轨迹像山一样

篮球移动轨迹同地面平行

在地面反弹以后到达对方腰部

▲根据篮球轨道不同划分的运球方法

2 技术解说

◎向示意希望接球的队友传球

本章的技术解说分成了"传球方"和"接球方"两部分，详细介绍了各自应注意的要点。

向示意接球的队友传球，这是非常重要的一点。如果队友没有注意到你将传球，即使他周围没有防守球员，传球效果也不会好。为了找到有接球意愿的队友，不应该将视线固定在一处，而应环视眺望全场。

虽然传球有基本的准则需要遵守，在比赛中更重要的是临场应变的能力。例如传球中最基本的"胸前传球"（162页），一般来说从身体正中心传球会更容易，但如果有防守的话，放在身体一侧运球会更安全。

另外，选择合适的位置和打法，让接球者便于接球，也是非常重要的一点。为了达到这一点，传球者需要瞄准接球者的胸部位置传球。

◎接球者双手手掌正对篮球

说到传球，大家总把注意力放在传球者的身上。但实际上，传球对接球者的要求也很高。

为了能够稳稳地接到球，接球队员的手肘不要离开身体，手掌正对篮球。若手指对着篮球，不仅容易接不住篮球，还容易戳伤手指。同时，还要注意篮球与手掌接触时不会发出响声。

在接球时要轻轻起跳，在空中接住篮球。当然，在接过篮球后，不要忘记迅速转移到下一个动作。

▲将篮球传给有接球意愿的球员

3 练习注意事项

◎平时练习时就要认真观察队友

传球是和队友相互配合完成的动作，日常的练习一般也需要2人以上。球员在平时训练时要认真观察队友的习惯，积极思考，比如怎样传球会让对方接球更容易，如何传球便于队友开展下一个动作等。如果漫无目的地将球传给无法接球的队友，或者接球后也难以开展下一个动作的队友的话，会给全队带来麻烦。

另外，传球后的后续动作也很重要，在平时训练时可以加上后续动作一起练习。

在实际比赛中，要注意通过传球寻找进攻机会。有目的地传球，可为下一个动作做好铺垫。

传球队员（胸前传球）

技术
解说

篮球置于胸前

传球时双脚应
着地

STEP 1 胸前双手持球。

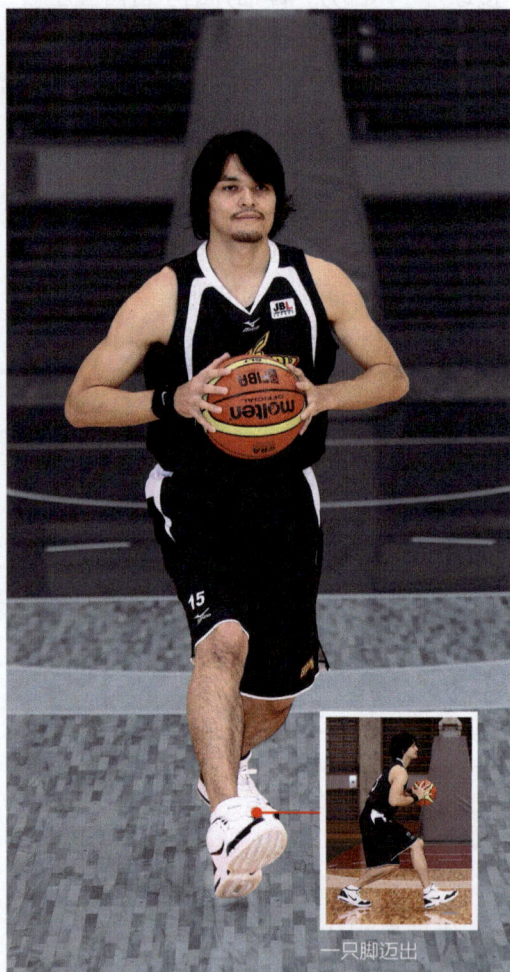

一只脚迈出

STEP 2 一只脚向前迈出。

技术解说 **注意手臂翻转与腰部移动**

如果不能将篮球顺利传给队友，传球则是没有意义的。从这种意义来说，即使没能保持良好的身体平衡，但是灵活应对，最终将篮球成功传出即可。当然，这需要遵守传球的基本规则。

双手在胸前运球是传球中最基本的技术。胸前传球并不是依靠手臂的弯曲和伸直的力量将球传出，而是通过前臂的翻转以及腰部移动将球传出。

传球目标应为接球队员的胸部，练习时要多加注意。

基本动作

投篮

背打

运球

传球

篮板球

1对1

协调性

食指用力弹拨，拇指
向下，手心朝外

使球后旋，手腕由
下向上，食指用力
弹球而出

篮球从胸前传出

位于腰部的重心逐
渐前移

STEP 3 重心向前移动。

STEP 4 两臂前伸，手腕由下向上翻转，使球旋转传出。

教练笔记

因为篮球是一项用手控制的运动，队员容易对上半身的动作更重视，而忽视下半身的动作。但是，这样的话就很难掌握正确的技巧。例如在"胸前传球"中，单脚迈出后，以腰部为轴的重心要向前移动。如果腰部移动不掌握好，则很难成功传球。

NG

▶ 如果重心不向前移动，传球后难以迅速移向下一个动作。

163

接球

技术解说

手掌冲球

手臂贴住身体两侧

NG

手指不要对着篮球，容易造成失误

接球前轻轻起跳，在空中接住篮球

技术解说 **手臂不要离开身体两侧，掌心正对篮球**

接球的时候，手臂要紧贴身体两侧，掌心正对篮球。我们经常可以看到有队员接球时伸直手臂，两掌相对，使篮球穿过两掌。这是最容易戳到手指的姿势，要尽量避免。另外，接球时应轻轻向上起跳在空中接球。接球后，队员有三个选择：投篮、继续传球或运球。利用从起跳到落地之间的时间间隔进行判断选择。

基本动作
投篮
背打
运球
传球
篮板球
1对1
协调性

164

技术解说 接球（低空接球）

手指不要对着篮球，容易造成失误

手腕不要过于向前伸出

手腕下垂，手掌正对篮球

弯曲膝盖，重心落下

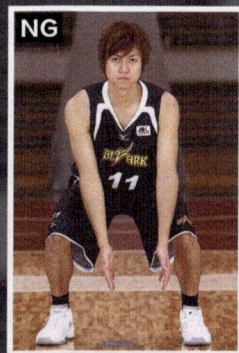

技术解说 手臂下垂，低空接球

在实际比赛中，篮球不是总能正好传到你胸前的。因此遇到传到脚边的篮球，应身体下蹲，手掌正对篮球做好接球准备。手掌相对，则容易导致传球失误或戳中手指造成受伤，要尽量避免。另外，感觉自己不能接到球的话，不要勉强接球，可以等篮球落地一次后再接球。

练习 110 反弹传球

重要度 ★★★

难度水平 ★

场地 **任意**

目的 该练习目的是掌握将篮球向地面投掷，反弹到接球者手中的传球方法。在避开防守后向三分球线内运球时，或准备将球传给移动中的队友时常使用的方法。

双手胸前持球。

要点和"胸前接球"（162页）一样，经地板反弹一次后对手接球。

前臂翻转，指尖用力将球传出。

单脚迈出，在腰部的中心前移。

将篮球落地反弹。

练习步骤

① 两人一组，相隔4米左右。

② 动作要点和162页介绍的"胸前传球"相同，只不过需要将球经地板反弹后传入对方手上。

③ 对方接到球后，使用同样方法将球传回，重复练习。

教练笔记 "反弹传球"是经地板反弹之后传到对方手中的传球方式。除了篮球反弹之外，其他动作要领和"胸前传球"相同。要注意反弹传球时要有意识地使球上旋。

另外，从本节到171页，我们会为大家介绍两人之间互相传球，也叫做"面对面传球"。两人之间间隔最好在4~6米之间，因此两人分别站在油漆区的两端（4.9米）是比较合适的。"反弹传球"不能隔太长距离，所以两者距离应缩短到4米为宜。

重要度 ★ ★ ★

难度水平 ★ ★

场地 任意

练习 111

单手肩上传球

目的 〉〉 为了避开防守阻拦，球员可以将篮球置于身体一侧再传球。这是非常重要的一种传球方式，希望大家可以熟练掌握。

练习步骤

① 两人相隔4~6米站立。

② 传球球员单手持球的后下方，前臂翻转，利用腕力将球传出。

③ 对方接到球后，使用同样方法将球传回，重复练习。

双手胸前持球。

向身体一侧迈步。

单脚向侧面迈出一大步。

重心向迈出去的那只脚移动，单手持球。

前臂翻转，利用腕力将球传出。

将球下旋传出。

扣腕将球传出。

给球员的建议

球员要注意传球单手的手臂要抬至与肩同高。同时，要利用腕力将球后旋传出。为保证篮球顺利传向对方，球员应注意手指正对接球者的方向，同时篮球在空中和地板保持平行。

教练笔记 有时在身体正面直接传球非常困难，这就需要球员将篮球移至身体一侧后再次传球，这就是"单手肩上传球"。

基本动作

投篮

背打

运球

传球

篮板球

1对1

协调性

练习 112

勾手反弹传球

重要度 ★★

难度水平 ★★

场地 **任意**

目的 使球侧旋传出，经地面反弹后传到对方手中。这是外围队员将球传给内线时常用的一种传球方法。

手指朝下，控制篮球。

向身体一侧迈出一大步

■ 双手胸前持球。

■ 单脚向侧面迈出一大步，将篮球移至身体一侧。

篮球绕过正前方的防守球员一样，在其侧面接地。

注意要使篮球侧旋。

■ 手臂伸直后向前方地面投掷篮球。

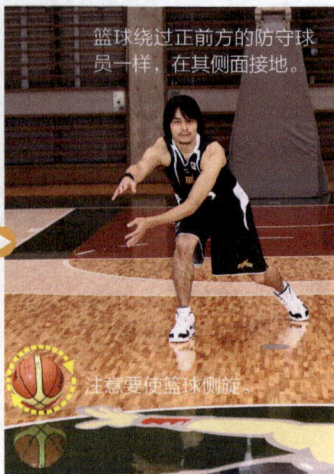

■ 使球侧旋传出。

练习步骤

① 两人相隔3~6米站立。

② 传球队员双手使篮球侧旋传出。

③ 对方接到球后，使用同样方法将球传回，重复练习。

给球员的建议

传球时手指应朝向地面，并用手指控制篮球。因为篮球弹起高度比较低，需要接球者半蹲着接球。

教练笔记 "勾手反弹传球"在外围选手将球传给内线时经常使用。为了使篮球侧旋传出，手臂与手腕要多加练习，要像轮胎一样旋转。

练习 113

双手头上传球

目的 该种运球方式需要将篮球举至头顶传出。当防守球员的注意力集中在脚下时，或者传球可以越过阻拦接球队友的防守球员时，这种运球方式会非常有效。

将篮球举至头部上方，双手传球。

练习步骤

① 两人相隔4~6米站立。

② 传球球员双手持球，置于头顶，肘部微曲，向传球方向跨出一步的同时手腕向后转，球移至脑后，将球向前抛出。

③ 对方接到球后，使用同样方法将球传回，重复练习。

教练笔记 双手将球向前抛出时，手腕向下用力，使球后旋传出。另外，篮球不要过于移向脑后，否则会阻碍快速传球。

练习 114

棒球传球法

目的 如名所示，这种传球方式和棒球掷球方式相同，是快打中经常使用的一种传球方式。

手臂不要伸直

像投掷棒球一样单手传球。

练习步骤

① 两人相隔4~6米站立。

② 传球球员单手持球，将球高高举起。随后单脚迈出，单手投球。

教练笔记 将球抛出时，篮球首先离开的是食指，食指要指向目标方向。手掌朝向外侧，大拇指要指向下。

传球

重要度 ★★★★

难度水平 ★★★

练习 115

传球假动作（左右）

场地 任意

目的 先将球向左移动，做出从左边传球的样子，再突然从身体右侧传出。掌握好传球假动作对于突破防守很重要。

将篮球移动到身体左侧，做出将要传球的样子。

接着向身体右侧迈出一步，将篮球传出。

练习步骤

① 两人相隔4米左右。

② 将篮球移动到身体左侧，做出将要传球的样子。接着向身体右侧迈出一步，将篮球单手传出（167页）。

教练笔记 通过灵活运用左右互换的传球假动作，可以避开防守，避免篮球被抢。快速敏捷的移动是假动作成功与否的关键。

传球

重要度 ★★★★

难度水平 ★★★

练习 116

传球假动作（上下）

场地 任意

目的 和之前介绍的左右移动的假动作相对，本节介绍的是上下互换的传球假动作。动作并不难，但对于球员的灵活度要求很高。

举起篮球，装作要传球的样子。

迅速向右侧迈出一步，从身体右侧传球。

练习步骤

① 两人相隔4米左右。

② 传球球员将篮球举过头顶，装作要传球的样子，随后将篮球向下移动，向右侧迈出一步后"单手肩上投篮（167页）"。

教练笔记 一名优秀球员，需要掌握从各个方位都可以传球的技能。因此，在传球假动作训练中，"下到上""上到下""左到右""右到左"都需要反复练习。

重要度 ★★★

难度水平 ★★★★

场地 **任意**

练习 117

传球假动作（两次传球）

目的 ▶ 第一次传球时中途停止，等合适时机再次传出。首先用在比赛中出现频度非常高的"双手头上传球"（169页）进行练习。

第一次传球
是假动作

篮球举过头顶，做双手头上传球的姿势。

篮球快速向前移动，做出准备传出的样子。

准备动作幅度尽可能小

动作中止，随后从静止的动作开始直接传球。

开始"双手头上传球"。

练习步骤

① 两人一组，间隔4米。

② 传球选手双手持球，先做出要传球的姿势。动作中止后，直接再次传球。

③ 对方接到球后，使用同样方法将球传回，重复练习。

给球员的建议

这里介绍的两次传球都采用"双手头上投篮"的方式，实际上，假动作以后，除了可以运用"双手头上投篮"以外，还可以使用"单手肩上传球"等多种传球方法。每种传球方法都要多加练习。

教练笔记 传球动作突然停止，会打破防守节奏，使其不知何时传球。但是，如果假动作之后，进攻球员再次做出很明显的传球准备动作，便会给防守球员留下反应的时间加以对应。

171

传球

重要度 ★ ★ ★

难度水平 ★ ★ ★ ★

场地 **半场**

练习 118

从边线到边线

目的 两球员站在边线上，随着边线之间距离不断扩大，传球的难度也越来越高。通过站在边线上进行"双手头上传球"（169页）和"棒球传球"（169页）的练习，可以提高传球的精度准度。

如图所示，两人间隔4~6米。

← 传球

练习步骤

① 两人一组，间隔4米。

② 传球选手双手持球，先做出要传球的姿势。动作中止后，直接再次传球。

③ 对方接到球后，使用同样方法将球传回，重复练习。

在边线两侧站立，进行"双手头上传球"（169页）和"棒球传球"（169页）的练习。

← 传球

变式组合

边线之间互相传球不是一件容易的事情。每天都加以练习，不要急躁，相隔距离不断扩大。使用边线的目的是便于知道两者之间距离。一般情况下传球距离在4~6米之间，同时，也要在不同的距离下进行传球训练。

教练笔记 为了便于接球队员可以迅速进行下一个动作，传球队员要将传球目标锁定在对方的胸部位置。首先进行4~6米间隔的传球练习，随着技术水平的提高，不断扩大间隔距离。经过这样的训练，在快攻或被区域防守阻拦情况下，向远处传球的成功率会很高。

重要度 ★

难度水平 ★★

场地 任意

练习 119

双球传球（上下）

目的▶ 两人面对面，用"反弹传球"（166页）、"胸前传球"（162页）的方法互相传球。两人互传两球，对传球的速度和准确度要求较高。

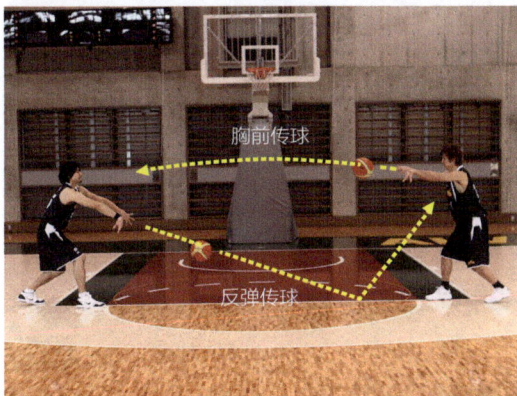

胸前传球

反弹传球

▌两人同时向对方传球。

练习步骤

① 如图所示，两人一组，间隔4~6米。
② 两人同时传球，一人"胸前传球"，一人"反弹传球"。

教练笔记 球员要在传球队员和接球队员这两个身份之间迅速切换，这有助于锻炼球员的反应速度和传球正确性。两人配合不默契是该练习失败的主要原因，因此，通过这一训练，也能提高团队合作的能力。

重要度 ★

难度水平 ★★

场地 任意

练习 120

双球传球（左右）

目的▶ 和上面介绍的"双球传球（上下）"一样，需要两名球员面对面互相传球，以达到提高传球技术的目的。在这里，为了避免两个篮球相碰，需要球员运用"单手肩上传球"（167页）的方法互换篮球。

▌两人面对面，同时用右手向对面传球。

练习步骤

① 如图所示，两人一组，间隔4~6米。
② 两人同时单手传球，为了两球不相撞，两人需要同时使用右手或左手传球。

教练笔记 在右手传球时，球员可以把传球目标定在对面球员左侧腰的位置。练习过程中注意动作的连续性。

基本动作

投篮

背打

运球

传球

篮板球

1对1

协调性

勾手传球

重要度 ★★

难度水平 ★★★

场地 **半场**

目的 本练习目的是掌握勾手传球的打法，即起跳过程中单手传球。随后身体转向传球方向。这一练习也可以提高"勾手投篮"的技巧。

■ 两人站在边线上，Ⓐ持球准备。

■ Ⓐ向油漆区运球。

在手中转动篮球，手指用力推出篮球。

第二步时以到达罚球区为宜。

■ 左右跨步运球，第二步时起跳，向队友勾手传球。

向传球方向转身落地。

■ 随后身体转向传球方向落地。

练习步骤

① 两人一组在边线准备，A站在前面持球。

② A向油漆区方向运球2~3次。

③ 单脚起跳，侧身向队友方向单手传球，具体要领同"移动勾手投篮"。

④ 随后身体转向传球方向落地。

教练笔记

该动作的要点是上臂紧贴耳朵，侧身传球。同时，落地时身体要正对接球队友，转体时要自然。如果可以熟练完成该动作，球员也可以逐渐练习不转体侧身落地。另外，运球时突然停止转体进而传球的难度是非常大的，因此多进行此项训练，非常有助于提高突破防守后运球的水平。

▶ 也可以练习侧身着地。

练习 122 机关枪传球

重要度 ★★★★

难度水平 ★★★★

场地 **任意**

目的 这项训练需要三名球员使用两个球进行练习。接球后立马将球传出去，随后又立即接球，重复这一训练，可以加强对传球、接球掌握的熟练程度。

C

B

2m

3m

A接过B的传球以后立即将球传回给B。

A

← 传球

A将球传出后立即接到C来的球，接住C传来的球后立即传回给C。

C

B

A

← 传球

练习步骤

① 三人一组，以A为中心练习。

② B用"胸前传球"的方式向A传球。

③ A将球传回B以后，迅速将注意力转到C上。A传出球后立即接到C的球，并立即传回给C，每人练习20秒钟，每组连续进行2分钟。

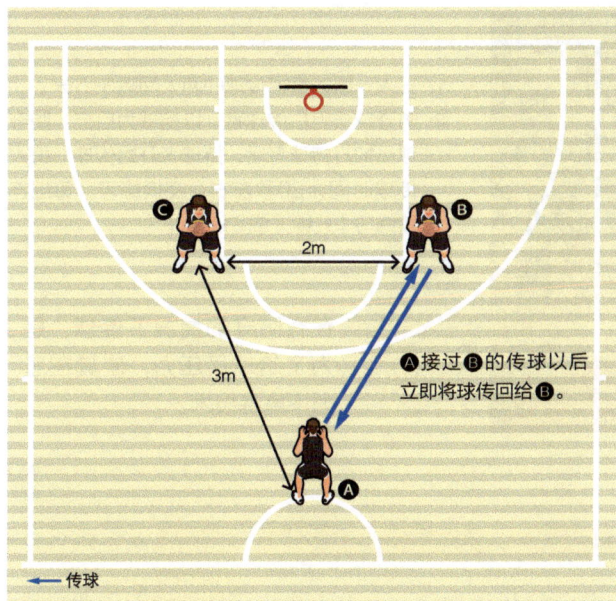

变式组合

从球员A的角度来看，其他两名球员同他连线的夹角约45度，这是最基础的。在熟练练习以后，这一角度可以逐渐扩大。当扩大到90度以后，需要球员的视野也更宽阔。当角度扩大到180度以后，也就是说A球员将在两名球员的正中间，这时需要A转身传球、接球，难度系数大大增加。

教练笔记 同两人一组的面对面传球最大不同是，在"机关枪传球"中，处在中间的球员的反应和动作速度必须得快。而且，在结束后需要将身体转向传球方向。通过反复训练，球员的视野将会有很大的扩展，逐渐地不转脸也能成功接球、传球。

175

传球

练习
123

2对1传球

重要度 ★★★★★

难度水平 ★★★★

场地 **任意**

目的 这是在有防守阻拦的情况下进行的传球练习，更接近实际比赛场景。要灵活使用假动作避开防守。

防守球员拍打持球者后，持球者开始传球。

▮ 防守阻拦持球者。

练习步骤

① 三人一组。互相传球的两人间隔3~5米。
② 防守球员阻拦传球者，以抢球为目标。防守球员拍打持球者后，持球者开始传球。每人传球时间为20秒左右，交换练习，每组连续练习1分钟（或2分钟）。

教练笔记 在有防守的情况下传球，是为了给球员压力，使其在压力下磨练技术。

传球

练习
124

2对1传球（吊高球传球）

重要度 ★★★

难度水平 ★★★★

场地 **半场**

目的 这是防守在接球者前面时常采用的打法。需要将球向上抛起，越过防守头顶。

传球轨迹如山型。

← 传球

练习步骤

① 三人一组。互相传球的两人如图所示位置站立，间隔3~5米。
② 传球者将篮球高抛。每人传球时间为20秒左右，交换练习，每组连续练习1分钟（或2分钟）。

教练笔记 在接球者前面有防守阻拦时常采用该种打法，篮球越过防守球员头顶。运球速度更快，手腕手指要用力，使篮球比平时旋转速度更快。

重要度 ★★★

难度水平 ★★★★

练习 125

2对1传球（轮流传球）

场地 **任意**

目的 该练习是刚才介绍的"2对1传球"的变式。传球者传球之后迅速跑至接球者前面防守。每传球一次就需交换一次，运动量增加，可以当作热身运动。

防守球员阻拦传球者传球，并使用各种方法抢球。

传球者传球后跑向接球者，成为新的防守球员。

接球之后寻找一个合适时机传球。

新的传球者在防守下传球。

传球后跑向接球者成为防守。

练习步骤

① 三人一组。互相传球的两人间隔3~5米。

② 传球者传球之后，跑向接球者，成为新的防守球员。

③ 防守球员阻拦传球，传球后同接球者互换位置。

④ 新的传球者迅速传球。整个过程持续1分钟。

教练笔记 交换规则看起来比较复杂，但实际练习起来非常简单明了。接球后尽量立即传球。保持良好节奏以避免被防守抢球。同时，在传球时传球者应时刻注意防守球员的动作。

给球员的建议

这种有两人进攻，一人防守的练习，和"机关枪传球"一样，都是非常重要的。要求球员在动作、节奏上熟练把握。

传球

练习 126

全场双人传球

重要度 ★★★

难度水平 ★★

场地 **全场**

目的

这是一项两人进行的传球练习，非常受球员喜爱。在全场边运球，边传球。从一侧底线到另一侧，两球员之间互相传球数可定为8次、5次、3次。

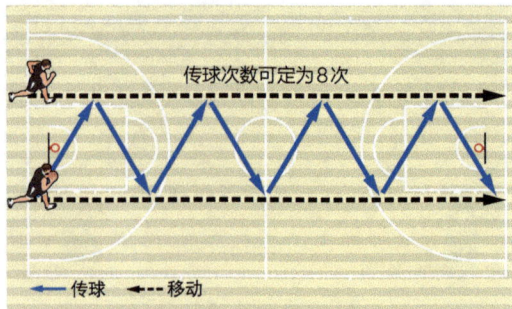

传球次数可定为8次

← 传球　◄-- 移动

练习步骤

① 三人一组。互相传球的两人间隔3~5米站在底线上，一人持球。

② 两人并行，根据需要传球的次数，在合适节点互相传球，到达另一侧底边后结束。

教练笔记 传球者应根据与队友的距离和跑步速度，在接球者稍稍之前点的位置传球。另外，根据需要传球数的不同，步幅、步数都会有所变化，球员应体会并记住这一点。

传球

练习 127

半场双人传球

重要度 ★★

难度水平 ★★★

场地 **半场**

目的

这是上面介绍的"全场双人传球"的比赛模式，因为两队竞争，速度要求更快。同时也可以锻炼长距离传球的能力。

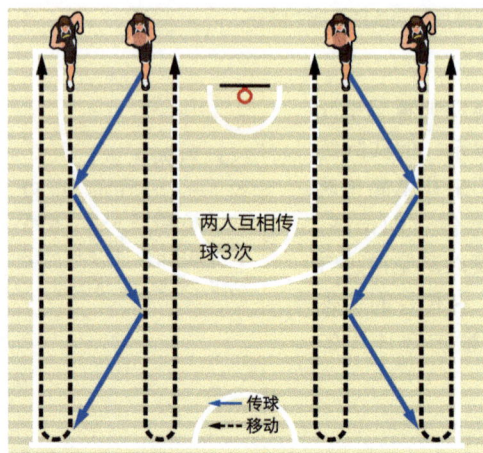

两人互相传球3次

← 传球　◄-- 移动

练习步骤

① 两人一组，组成两队。如图所示位置并列站在底边，内侧选手持球。

② 同时开始，互相传球3次。到达中线后返回。往返次数任意。

教练笔记 从一侧底边到中线运球三次，到达后折回再次运球。折回时要求快速灵活转身。

练习 128

半场双人传球（拉大距离）

重要度 ★★

难度水平 ★★★

场地 **全场**

目的

首先从底边和边线交界处开始，向对面底边运球、并互相传球。返回时，球员沿边线跑向两底角，中途互相传球。这可以锻炼球员根据距离传球的能力。

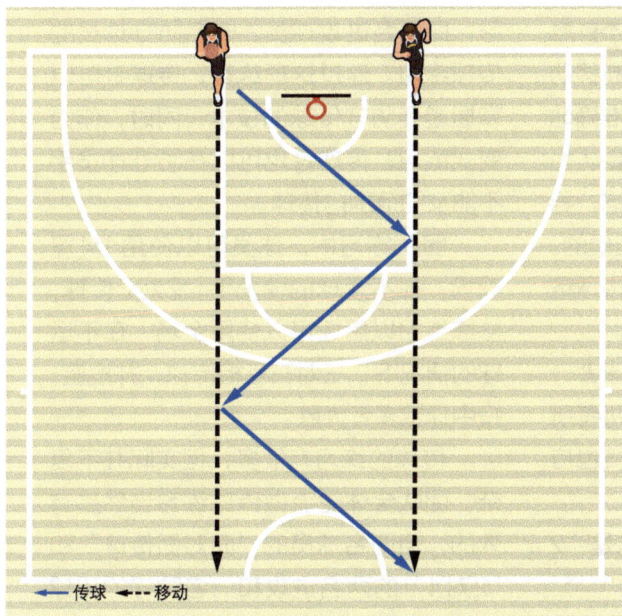

← 传球 ←-- 移动

练习步骤

① 两人一组。如左图所示，在底边并列站立，一人持球。

② 两人并行，互相传球三次，到达中线后持球球员沿中线向边线运球，到达底角后给队友传球。

③ 两人分别在两侧边线移动，互相传球，直到返回底角。

给球员的建议

在并列跑步过程中互相传球，无论对传球人还是接球人来说，找准时机是非常重要的。同时，传球速度和接球反应速度必须要快。另外，长距离传球时要注意上臂翻转，手指用力，腿部用力，多加练习，熟练掌握。

教练笔记 在跑步过程中远距离传球是非常难的一件事。同时，这项练习不仅仅可以锻炼肌肉，增强体力，还可以通过观察接球者的位置和移动速度进行预测。在返程中，传球者可以假想场地中心有一个防守，通过"吊高球（176页）"方式将球传出去。在长距离中传吊高球，难度系数非常高。

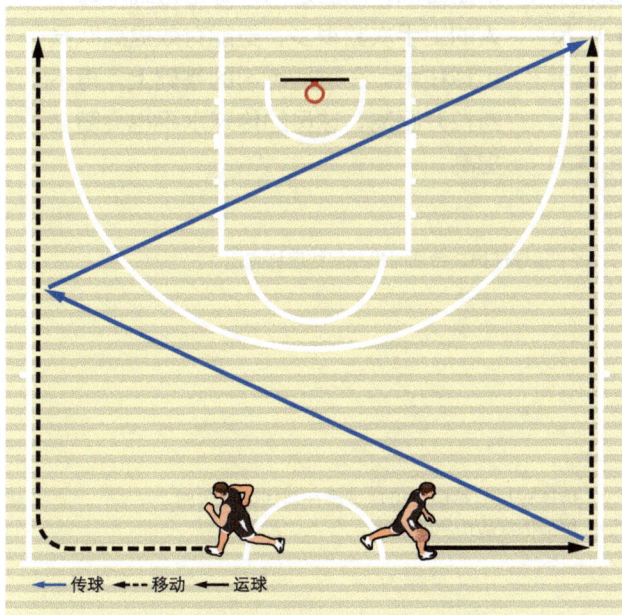

← 传球 ←-- 移动 ← 运球

专栏②

关于传球练习

▶▶▶ **首先要能将球准确地传到想传的位置**

　　只有将球传到队友手中传球才有意义。比赛中传球者和接球者都是不断移动的，因此要求球员必须掌握将篮球准确地传到目标位置的能力。有些教练会认为"面对面传球"时，双方在原地传球，导致练习没有效果。这种想法是不正确的。通过这个基本练习，能够逐渐提高传球精准度。这是提高篮球技术的第一步。

　　另外，其实篮球接球者和传球者一样，在传球过程中也非常关键，两者所承担的责任是五五分的。因此球员也应多练习接球技术。

▶▶▶ **提高传球技术不可缺少的训练是"2对1"的练习**

　　防守能抢到球，是因为篮球在其手之所及的区域（如下图三黄色区域）。反过来考虑，如果篮球不经过防守球员手之能及之处，篮球就能顺利传出。

　　因此，为了使球员掌握适应比赛的

传球能力，需要进行"2对1"的传球练习，即两名进攻球员，一名防守球员的传球练习。通过这项练习，传球者可以掌握避开防守传球的技术。同时，作为变式练习，传球者也可以在防守球员手不能及的范围内传球。

　　团队练习中，球员可以使用1/4篮球场，在不运球的情况下，2对2传球；熟练练习以后还可以使用全场，在不运球的情况下，三对三互相传球，并投篮，投中球数多者为胜。

　　传球的练习有很多，但实际并不复杂。团队全体轮流做传球练习当然是有效的，但两名球员的"面对面传球"和"2对1"的两名进攻和一名防守的传球则是基础，而且这两种练习方式中每个人的上手次数很多，更能有效提高队员传球技术。在这些练习的基础上，再不断拉开距离，球员的传球水平也会随之提高。

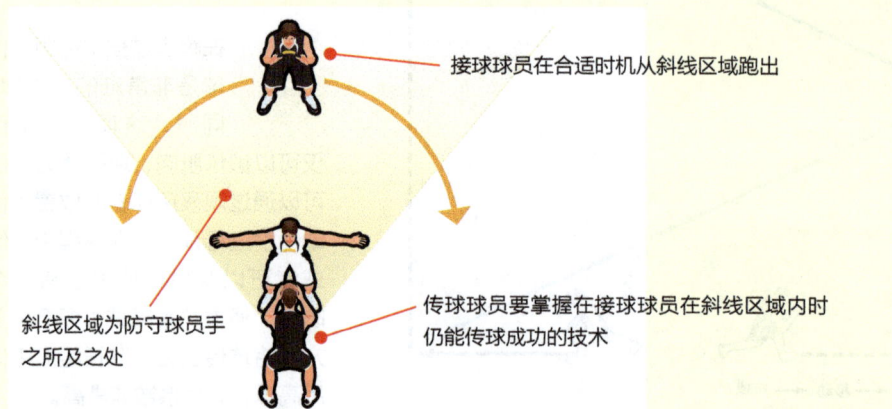

接球球员在合适时机从斜线区域跑出

斜线区域为防守球员手之所及之处

传球球员要掌握在接球球员在斜线区域内时仍能传球成功的技术

基本动作　投篮　背打　运球　传球　篮板球　1对1　协调性

第六章
篮板球

抢篮板球最重要的是有强烈的抢球意识。除此之外，还要具备"预测篮球将要落在哪里""找到能充分发挥水平的位置"等能力。

抢篮板球是比赛胜负的关键，因此无论是在平时训练还是比赛中，都要重视抢篮板球。

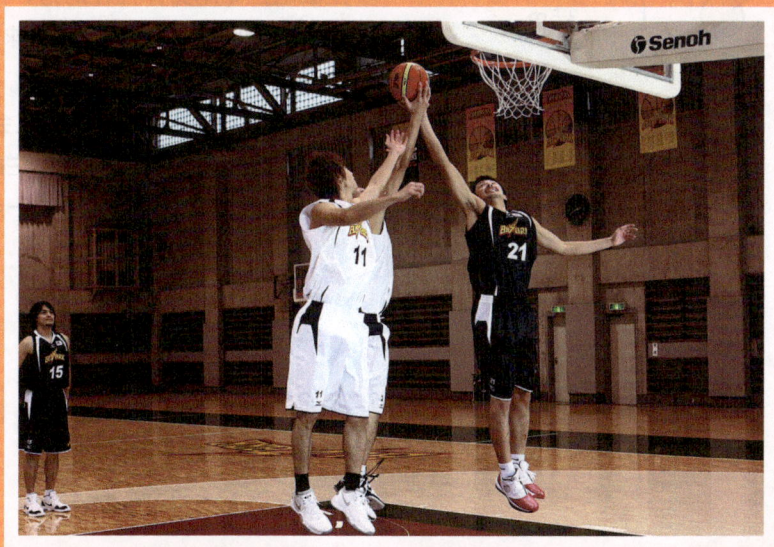

篮板球的基础知识

1　关于传球

◎ 篮板球是决定比赛胜负的重要因素

"篮板球是决定比赛胜负的重要因素"这句话，突出了篮板球的重要性。然而，通常大家的篮板球水平并不高。为了早日达到一流水平，希望年轻球队可以提高篮板球水平。

◎ 能够预测篮球落点

抢篮板球时，比技术更重要的是抢球的意识。这和所处的位置与身高没有关系。除此之外，能够预测篮球落点也是关键。其判断标准如下（结合左下图）。

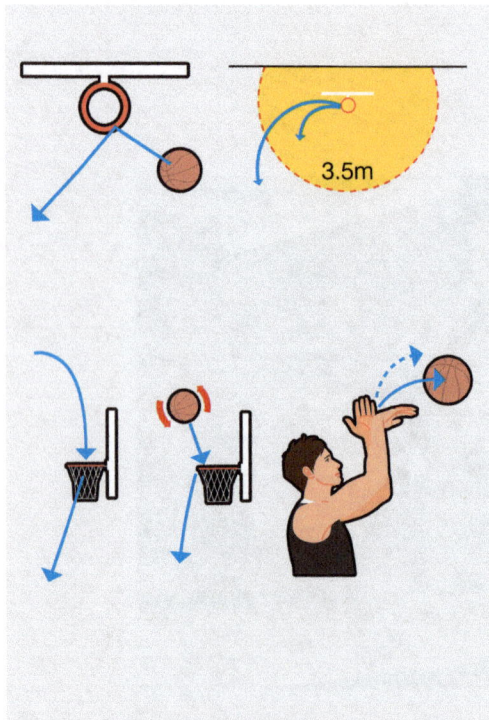

① 篮球落至投篮处的相反一侧。

② 中等距离投篮，落点在3.5米以内，三分球的话落点在3.5米外侧。

③ 投篮高度越高，落点离篮筐越近。

④ 篮球旋转速度越快，落点离篮筐越近。

⑤ 在体力充足的前半场，落点在篮筐内靠近篮板的一侧；在体力不足的后半场，落点在篮筐内靠近篮板的另一侧。

以上的落点判断都只是一个大致目标，为球员提供了篮球落点的大概趋势。但是知道这一趋势，可以提高球员抢篮板球的成功率。

◎ 拦截阻拦是重要技术

在本章的技术解说中，会详细介绍"拦截阻拦（用身体挡住对方，使其不进一步向前逼近）""双手抢篮板球""单手抢篮板球"。

说到抢篮板球，大多数人会将注意力放在体力的比拼上，而忽视"拦截阻拦"这一步。实际上这是非常重要的一点，要在平时练习时多加注意。

2 抢篮板球的要点

防守篮板

◎投篮后首先注意阻拦防守

本章将篮板球分为"防守篮板"和"进攻篮板",分别进行详细介绍。

一般来说,防守球员处在比进攻球员距离篮筐更近的位置,所以防守球员在抢篮板球上更有优势。因此,团队训练中要着重进行防守篮板的练习。

防守篮板的最基本原则是"第一步要拦截,随后抢篮板球"。这也叫做"击打&篮板球"。也就是说,投篮过后,锁定防守球员并加以拦截,然后抢篮板球。这对于所有防守球员都通用。

进攻篮板

◎找到一个可以抢占先机的位置

进攻防守的目的是为了增加进攻次数。这对于进攻防守来说是求之不得的好机会,当然,防守球员会尽力阻止再次进攻。如何在斡旋中胜利,"如何选择一个有利的位置"则变得相当重要。进攻球员要积极找到一个可以避开防守的好位置。

"进攻篮板"比"防守篮板"难度要大得多,但无论是哪一种篮板球,都要牢记"抢球气势""落点位置预测判断"和"技术"这三种基本要素。和"技术"一样,虽然"气势"和"落点位置预测判断"这样的要素难以看见,但球员也要通过练习,自觉提高,为成为一个优秀的"篮板王"努力。

▲进攻防守中"位置"是关键

3 练习注意事项

◎平时训练时经常观察投篮后篮球弹跳的方向和落地位置

篮板球中预测判断篮球落点的能力是非常重要的。为了提高这一能力,在平时训练中,球员要有意识地观察投篮后篮球的弹跳方向和落地位置。比如在队友练习投篮时,球员可以去接住落下的篮球。长期的接球,可以使球员在不知不觉中掌握预测判断落球位置的能力。

要有"投篮等于落球"的意识,投篮以后,要迅速抢篮板球。教练在平时训练中容易重视"投篮"和"传球",而忽视篮板球的练习。希望可以加强关于篮板球的训练。

技术解说

阻拦防守

"一、二"迅速锁定防守目标

STEP 1 篮球下落后，迅速锁定自己应该防守的球员。

转身后向篮球方向跑去

前转身、后转身都可以

STEP 2 锁定目标后，用身体阻止其活动，并开始转身。

"三"，定位篮球方向

手臂、肩、背、腰、臀部紧贴对方球员

STEP 3 紧贴对方球员的同时，转向篮球方向。

重心下移，臀部紧贴对方球员的大腿部位

张开双臂，使全身形成一个大网

STEP 4 利用全身力量阻止对手向篮下移动。

技术解说 **在"一、二"时定位对手，"三"时紧跟对手进行阻拦**

抢篮板球最重要的原则就是在篮球下落的时候，球员要比对手更靠近篮球。因此要使用全身力量防止对手突破防守，向篮筐下移动。这一动作叫做"阻拦防守"。被投篮的篮球在空中停留的时间内，我们

可以数"一、二、三"。这是比赛中唯一视线可以离开篮球的时间。在"一、二"的时候观察对手动作，在"三"的时候转身看球。另外，"阻拦"的最佳位置是距离篮下3.5米。

184

技术解说 阻止投篮

如果和对手相距离过大，防守球员应向前迈步

防守球员臀部紧贴对方大腿部位，以阻止其向前靠

STEP 1 首先阻拦对方选手投篮。

STEP 2 转身，用全身力量，阻止投篮者向篮下靠近。

技术解说 不要忘记防守投篮者

在对方球员投篮时，防守球员往往只顾阻止其投篮，而投篮过后则忘记继续对其进行防守。但是投篮之后，防守球员应像上一个介绍的"阻拦防守"一样，用全身力量加以防守。

另外，当和对方球员距离较大时需要向对方方向迈出一步，以缩短距离。这是"阻拦防守"所通用的技术。

技术解说 双手接球

在空中双手接球

双脚蹬地起跳

STEP 1 "阻拦防守"之后转身起跳接球。

越过肩头确认对方位置

手指朝上持球

接球后迅速拉近胸前

STEP 2 将球迅速拉回胸前，并越过肩头确认对方位置。

技术解说 接球后迅速将篮球拉到胸前

"双手接球"就是双手接住篮球的技术。这个技术是以可以接住篮板球为前提，首先要"阻拦防守"（184页）住对方球员，然后于篮球在篮筐反弹之际双脚起跳，在空中接住篮球。

接球后迅速将篮球护于胸前，手肘撑开，并转身越过肩头观察对方选手位置与动作，然后决定下一动作。

技术解说

单手接球

越过肩头确认对方位置

将篮球移至接球的另一侧肩的方向

双脚蹬地起跳

STEP 1 "阻拦防守"之后转身起跳，单手接住篮球。

STEP 2 将球迅速拉回胸前，并越过肩头确认对方位置。

技术解说 **将篮球移至接球的另一侧肩的方向**

在打篮板球时，防守球员在"阻拦防守"之后双手接住，这是篮板球的基本动作。但是多数情况下，球员无法准确判断篮球落点，这就需要单手控制篮球，将篮球拉至自己身边；然后将篮球移至接球手另一侧肩部的位置，并越过肩头确认对方位置。

重要度 ★

难度水平 ★★★★

场地 **半场**

练习
129

超人

目的 ▶ 这是一个利用篮板的单人练习。球员要从距离篮筐很远的地方投球并起跳接球。与之前介绍的起跳接球不同的是，本练习要求落地距离要尽量距离起跳点很远。

力量适中，以便顺利在空中接到篮球。

■ 从罚球区附近开始，以篮板为目标投篮。

球员跑到篮下，单脚起跳。

■ 单脚蹬地起跳。

■ 在空中接到篮球。

■ 球员落到另一侧罚球区上。

练习步骤

① 球员在罚球区附近持球。

② 朝向篮板投球，随后向篮筐下跑去。

③ 在篮下起跳，在空中接到篮球，落在另一侧罚球区上。

④ 从另一侧开始做相同练习。该动作连续进行30秒（或10次）。

教练笔记 该练习的名字叫做"超人"，当球员想要接住距离自己很远的篮板球时可以使用该打法。这一练习对于球员的爆发力和弹跳力要求非常高。

变式组合

最终目标是在罚球区起跳，落在另一侧罚球区。刚开始时球员可能会觉得比较困难。此时可以先从篮下开始起跳，起跳时腿部用力，尽量跳得更远。

左侧栏：基本动作 投篮 背打 运球 传球 篮板球 1对1 协调性

练习 130

连续投篮

目的 连续起跳，每次起跳时都将篮球投向篮板。尽量在跳跃到最高点的时候投篮。此练习可以当作热身运动。

只可以单手持球

伸直手臂，指尖用力将篮球投出。

连续且有节奏，并且注意起跳速度要快。

■ 在篮下起跳。

■ 将篮球投向篮板，并重复练习。

练习步骤

① 球员在篮下持球。

② 双腿蹬地起跳，单手将球投向篮板。

③ 一旦着地立即起跳，起跳时同样单手将篮球投向篮板。连续起跳投球20次。

教练笔记

在起跳过程中将篮球投向篮板的技巧，叫做"托球"。在比赛中经常可以使用这一技术打乱对手抢篮板球的节奏。尽量向高的位置投掷篮球。"连续投篮"的训练对掌握这一技巧非常有效。

变式组合

如果是单人练习，球员可以站在篮筐下，然后起跳；如果是团体练习，可以排成一队向篮下跑去，在跑的过程起跳投篮。除此之外，还可以左手、右手互换，双脚起跳和单脚起跳等练习。注意时刻保持良好的身体平衡。

练习 131

单手卷球

重要度 ★★

难度水平 ★★★

场地 **油漆区**

目的
和"连续投篮（189页）"动作一样，靠近篮筐的手接住篮球后，手臂将篮球卷至胸前。落地时注意篮球位置。

在篮下连续向篮板投球。

尽量向高处投，同时接球时手臂旋转，将篮球卷向身体方向。

向反方向肩部拉球

接住篮球，向另一侧肩部拉近。

球员身体侧对篮筐

落地时膝盖深深弯曲

落地时身体侧对篮筐。

练习步骤

① 球员在篮下持球。

② 连续向篮板投篮。

③ 尽量向高处投球，单手接过反弹来的篮球，并且手臂后弯将篮球卷至另一侧肩部位置。

④ 在空中转动身体，身体侧面正对篮筐，着地时膝盖弯曲。

注意

球员投篮板球时，往往会在接球后将篮球置于腹部高度。然而，这一动作极易导致篮球被对方拖去。我们应注意接球后双臂护球，将球举至肩部位置。

教练笔记
本练习要点是接球后将篮球拉至身体一侧，这一点需多练习。在没有篮板的情况下，可以在原地向上掷球，接球后卷球至另一侧肩膀处。

基本动作

投篮

背打

运球

传球

篮板球

1对1

协调性

练习 132

转身阻拦

目的　利用中圈或罚球区的边线，练习1对1抢篮板球。一个人准备去抢球，另一个人为了阻止其抢球进行防守阻拦。

将篮球放到中圈正中心，Ⓐ、Ⓑ面对面站在中圈线外和线内。

Ⓑ利用假动作等方式避开防守，抢到篮球。

Ⓐ双臂张开，臀部紧贴进攻球员，阻止其抢到篮球。

教练发出开始的指令后，Ⓐ用身体防守Ⓑ，阻止其接触到篮球。

练习步骤

① 防守球员Ⓐ与进攻球员Ⓑ两人一组。篮球置于中圈中央，Ⓐ位于中圈线内侧，Ⓑ位于外侧，面对面站立。

② 教练发出开始的指令后，Ⓐ用"阻拦防守"（184页）的动作阻止Ⓑ接触篮球。进行三轮练习以后，Ⓐ、Ⓑ交换身份。

给球员的建议

在篮球比赛中，身体的接触基本是被禁止的。但是在抢篮板的情况下，球员之间无法避免出现身体接触。其要点是不要用手去接触其他球员身体，而尽量用自己的身体同对方球员接触。

教练笔记　本节介绍的"中圈内的转身防守"中最重要的是防守球员对进攻球员的阻拦。防守球员转身后需张开双臂，用臀部顶住对方，阻止其向前移动。另外，进攻球员也可以使用向左右移动的假动作，找准时机突破防守，抢到篮板球。

基本动作

投篮

背打

运球

传球

篮板球

1对1

协调性

重要度 ★★★

难度水平 ★★★

场地 油漆区

练习
133

多人抢篮板球

目的 本练习是模拟比赛中多名球员在篮下准备抢篮板球的场景。要在众多球员中抢球成功，需要球员具有非常强的实力。

球员站在如图所示位置，Ⓐ 投篮。

Ⓐ 以外的三名球员跑向篮筐处准备抢篮板。

3人在篮下抢篮板。
3人起跳抢篮板。

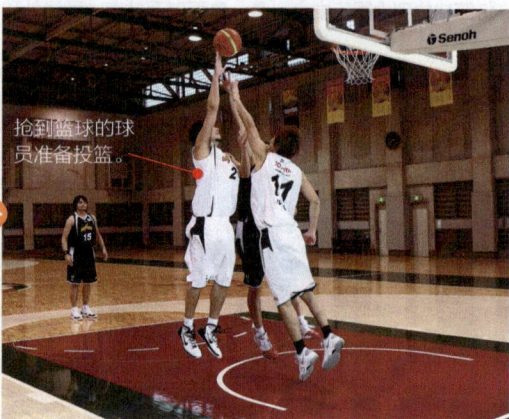
抢到篮球的球员准备投篮。
抢到篮球的球员准备投篮。

练习步骤

① 4人一组，其中一名球员Ⓐ在罚球线附近，其他球员在中圈线附近做抢篮板准备。Ⓐ投篮。

② 篮下三名球员准备抢篮板，抢到篮板的球员进行投篮。投篮后继续抢篮板，持续3~5轮。

教练笔记 这个练习更接近真实的比赛。篮下球员人数众多，竞争激烈，因此别名也叫做"抢球之战"，也就是篮球上的战争。对于球员来说，最重要的是有"一定可以抢到"的决心和信念。

变式组合

为了增加练习的比赛性，得分最少的选手需要做一些对体力不构成负担的小惩罚，如做三个俯卧撑，沿边线跑一圈等，这样的设置可以提高选手们的训练积极性。

左侧栏：基本动作 / 投篮 / 背打 / 运球 / 传球 / 篮板球 / 1对1 / 协调性

练习
134

抢篮板球（2对2）

场地 **油漆区**

目的 本练习是前一个练习"多人抢篮板"的变式，抢篮板的球员增加到4人，以2对2的形式进行练习。这更加接近真实比赛。

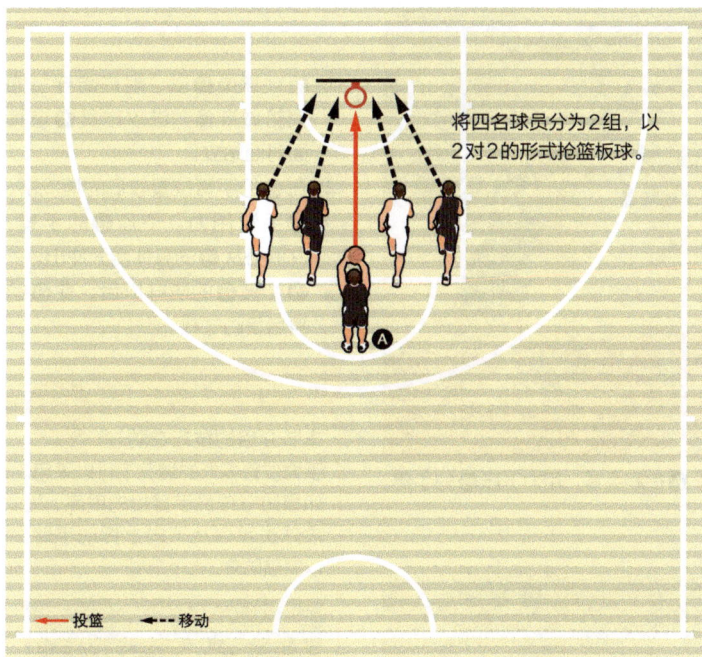

将四名球员分为2组，以2对2的形式抢篮板球。

← 投篮　◄-- 移动

练习步骤

① 5人一组，其中一名球员Ⓐ在罚球线附近，其他4名球员在中圈线附近做抢篮板球准备。Ⓐ投篮。

② Ⓐ投篮以后，篮下四名球员分为两组抢篮板球，抢到篮板球的球员进行投篮。如果篮球出油漆区，则由Ⓐ重新投篮；如此重复，哪一组先投进3~5球为胜。

教练笔记 在2对2的分组比赛中，球员可以根据情况，防守阻拦（184页）队友的防守者，以帮助队友顺利投篮。抢下篮球以后虽然可以传给队友，但是因为球员们距离篮筐距离很近，球员尽量自己投篮。

变式组合

在刚开始时，两名防守球员不必尽全力，在进攻球员抢到篮板球以后，防守球员开始尽全力防守，阻止其投篮。

← 投篮　◄-- 移动

多人抢篮板有很多变式练习，更加接近实际比赛，也更具有娱乐性。例如，一名进攻球员，两名防守球员在左图所示位置准备。刚开始抢篮板球时，防守球员可以让着进攻球员，不必尽全力。随后两名防守要尽全力防守对方，阻止其投篮。

练习 135

突破防守（击打手臂）

目的

该练习的目的是帮助进攻球员占据有利位置。进攻球员灵活运用手臂，巧妙逃过防守球员的"阻拦防守"（184页）。

Ⓐ手臂用力，将Ⓑ的手臂下压。

■ Ⓐ、Ⓑ面对面站立。

■ Ⓐ抬起手臂，用力下压Ⓑ的手臂。

臀部顶住对方球员，采用防守阻拦的姿势。

■ Ⓐ顺势从Ⓑ的身边冲出。

■ 并对身后的Ⓑ进行"阻拦防守"（184页）。

练习步骤

① 防守球员Ⓑ以"阻拦防守"的姿势做准备，进攻球员Ⓐ与其面对面站立。

② 在Ⓑ的手臂位置较低的情况下，Ⓐ手臂用力，下压Ⓑ的手臂。并顺势从Ⓑ的身体侧面冲出。

③ Ⓐ突破Ⓑ的防守以后，在Ⓑ的身后呈防守状。

给球员的建议

本节介绍的技巧在防守手臂位置偏低的情况下可以采用。如果防守球员手臂抬的很高，进攻球员可以从下向上挥动手臂，以突破防守。

▲ 在防守球员手臂位置比较高的情况下，进攻球员可以从下向上挥动手臂。

教练笔记

抢占有利位置是抢篮板球的重要因素之一。在比赛中，无论防守球员还是进攻球员，寻找一个对自己有利的位置是基本且重要的任务。进行本节练习，可以提高抢占位置的能力。不要求手臂下压时力气非常大，自然挥动即可。

基本动作

投篮

背打

运球

传球

篮板球

1对1

协调性

重要度 ★★

难度水平 ★★★★

场地 任意

基本动作

投篮

背打

运球

传球

篮板球

1对1

协调性

练习
136

反绕

目的 为了抢到进攻篮板球，面对准备进行"阻拦防守"（184页）的防守球员，进攻球员可以旋转一周后，突破放手，冲向篮筐。

▌Ⓐ、Ⓑ面对面站立。

单脚迈出一步

▌Ⓐ向前迈出一步，缩短和Ⓑ的距离。

转身以突破对方防守

以迈出的脚为轴转体

▌被防守球员Ⓑ阻拦后，以迈出的脚为轴转体一周。

▌转体后将Ⓑ甩至身后，向篮筐跑去。

练习步骤

① 两人一组，进攻球员Ⓐ和防守球员Ⓑ面对面站立。

② Ⓐ向前迈出一步，缩短和Ⓑ的距离，并观察Ⓑ的反应。

③ Ⓑ阻拦Ⓐ进一步向前的话，Ⓐ以迈出的脚为轴转体一周，避开防守。

教练笔记 Ⓐ向前迈出一步后，仔细观察Ⓑ的反应。基本所有的防守球员都会加以阻拦。但如果没有阻拦的话，则不需要转体，直接跑向篮下即可。

给球员的建议

该打法不仅仅适用于和对方相距比较远的情况，也可以在两者有身体接触时使用。相反，防守球员若感到背后的进攻球员准备转身突破防守时，可以及时使用"滑步"加以应对。

练习
137

补篮（侧身着地）

重要度 ★★

难度水平 ★★★

🏀 场地 油漆区

目的 "补篮"是接住反弹的篮球后再次投篮的打法。球员可以先将篮球投向篮板，接住反弹的篮球以后再次投篮。

■ 球员在罚球区内开始，向篮板投球。

在起跳最高点的时候接球
■ 起跳，在空中接住反弹回来的篮球。

练习步骤

① 在罚球区内持球。

② 向篮板投球，随后起跳，在空中接住反弹回来的篮球。

③ 在空中转体，使落地时身体侧面正对篮筐。

④ 以落地时距离篮筐较近的脚为轴向篮筐方向转体，准备投篮。

以落地时距离篮筐较近的脚为轴转体。
■ 落地时身体侧面对着篮筐。

向篮筐方向转体
■ 转身，正对篮筐方向，进行投篮。

给球员的建议

从罚球区开始投篮，随后抢进攻篮板，这对球员的能力要求很高。如果无法顺利完成，则可以从篮下开始，随着能力提升逐渐拉开距离。

教练笔记 落地时身体侧面正对篮筐是该打法的重点，其目的是为了护球。落地后将篮球举至胸前，避免被防守球员抢，确认安全后迅速投篮。

基本动作

投篮

背打

运球

传球

篮板球

1对1

协调性

重要度 ★★

难度水平 ★★★

🏀 **场地** 油漆区

练习 138

补篮（转身落地）

目的

跟上一个练习一样，本节的打法也是抢进攻篮板以后直接投篮。在空中转动身体，落地时背部正对篮筐。随后身体旋转一周，进行投篮。

球员在罚球区内开始，向篮板投球。

起跳，一边转动身体，一边在空中接住反弹回来的篮球。

练习步骤

① 在罚球区内持球。

② 向篮板投球，随后起跳，在空中接住反弹回来的篮球。

③ 在空中转体，使落地时背对篮筐。

④ 任意一只脚向篮筐方向撤出一步，以这只脚为轴旋转身体，勾手投篮（62页）。

落地时背部正对篮筐，需要向篮筐方向转体。

其中一只脚向篮筐方向后撤一步。

落地时背部正对篮筐，任意一只脚向篮筐方向撤出一步。

后撤的脚蹬地，起跳勾手投篮。

向篮筐转身后投篮。

给球员的建议

在实际比赛中，必须根据具体情况随机应变。在平时练习中，要注意始终保持身体平衡。在一次练习中向右转体，下一次就要向左转体。另外，在投篮时除了勾手投篮以外，还可以使用"起跳投篮"（56页）等投篮方式。

教练笔记 和"补篮（侧身着地）"相比，该打法着地时球员背对篮筐。而在比赛中，着地时背部正对篮筐的情况是非常多的，因此球员必须掌握多种转体方式和技巧。

基本动作

投篮

背打

运球

传球

篮板球

1对1

协调性

197

重要度 ★★

难度水平 ★★★

练习 139

假动作投篮

场地 油漆区

目的 本练习是196页介绍的"补篮（侧身着地）"的变式。先做假动作，将篮球举起，然后转向篮筐方向进行投篮。

球员在罚球区内开始，向篮板投球。

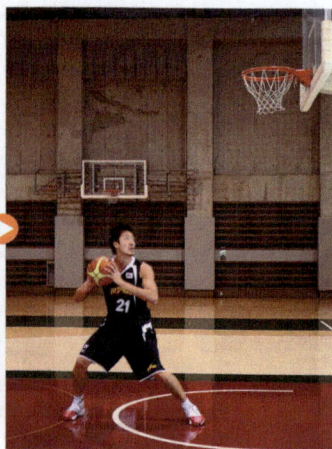

起跳，在空中接住反弹回来的篮球，着地时身体侧对篮筐。

练习步骤

① 在罚球区内持球。

② 向篮板投球，随后起跳，在空中接住反弹回来的篮球。

③ 在空中转体，使落地时身体侧对篮筐。

④ 将篮球举至头部位置，给对手以将要投篮的假象。之后以距篮筐较近的一直脚为轴，向篮筐转体并投篮。

将篮球举至头部位置

以落地时距篮筐较近的一只脚为轴转动身体。

将篮球举至头部位置，给对手以将要投篮的假象。

以落地时距篮筐较近的一只脚为轴向篮筐转身。

向篮筐转身后投篮。

给球员的建议

将手中篮球举起，给防守球员以将要投篮的假象，再与防守球员的阻拦错开，顺利移向下一个动作。但假动作不能过于频繁使用，因为一旦频繁使用的话，防守球员就会对假动作加以预测。在1对1的斡旋中，既要注意技巧也要临机应变。

教练笔记 如果进攻球员将手中篮球上下移动，防守球员就会随之应对。这时如果将篮球向上移动，防守球员会为了阻止"起跳勾手投篮"而举起手臂加以阻拦，这时，进攻球员再迅速转身，趁其不备出手投篮。

基本动作

投篮

背打

运球

传球

篮板球

1对1

协调性

第七章
1 对 1

篮球是一项集体运动，也有人看成是无数"1对1"的组合。在"1对1"的练习中，所有个人技术都能被运用到：如进攻球员用假动作避开防守、防守球员拦住越过自己头顶的传球。

1 对 1 的基础知识

1　关于 1 对 1

◎"1对1"是篮球的基本

　　篮球虽然是团体运动，但也有人将其看成是由多个"1对1对打"组成的。

　　在篮球比赛中，防守系统的5个人分别盯着5名进攻球员，跟随进攻球员的动向进行移动，这就是"盯人防守"。还有一种防守方式是在固定位置防守，叫做"区域防守"。

　　最近采用"区域防守"的球队有所增加，但"区域防守"归根结底还是在区域内进行的"盯人防守"。

▲ "1对1"训练是团队获胜的基础。

2　1 对 1 的要点

1对1的进攻

◎要点是如何避开防守

　　对于进攻者来说，"1对1"时最重要的是要摆脱防守球员的阻拦。具体来说，球员可以通过假动作、运球的速度变化等多种方式避开防守。当然，将防守球员甩开后再接球，则更容易投篮成功。

　　另外，在平时练习中，球员接球以后要尽量迅速投篮。准备接球时，轻轻起跳，在空中接球的一瞬间对对方的位置进行判断，然后立即决定是投篮还是继续运球。

　　本章会详细介绍进攻时球员需要掌握的"起跳步"（202页）和"向篮筐运球"（203页）等技术。通过这些练习也能更好地掌握"派特运球"（90页），使"1对1"的练习像比赛一样真实。

1对1的防守

　　"1对1"对防守球员的要求是要有强烈的"责任感"和"自豪感"。要有无论发生什么都要防守住进攻球员的决心。

　　第一点，在比赛中要一直有意识地阻止对方持球。

　　防守的进攻队员接到球以后，就成了"1对1"模式。在这种情况下，对于防守者来说，最重要的是阻止其投篮。当然，即使对方准备投篮，只要从自己的头、手上越过的话，也不用紧张，因为这样的投篮成功率非常小，叫做"差投球"。从其他角度来说，进攻球员只要在防守之前投篮的话，成功率会大大提高。

成功率高的投篮

▲对于进攻队员来说，避开防守再投篮，成功率很高。

▲在距离防守较远处投篮，对于进攻队员来说也是比较好的投篮机会。

成功率低的投篮

▲如果从防守球员头顶或手上越过投篮的话，成功率不高。

在本章的技术解说中，我们将会为大家详细介绍有效的防守方法，如"防守时的定位"（204页）、"防守时的运球应对"（205页）等技巧。

---

3 练习注意事项

◎练习时使进攻队员处于有利地位

为了更接近真实比赛，平时在全场练习更有效果，当然在半场也可以练习"1对1"。

"1对1"的情况，是在防守队员阻拦进攻队员时才出现的。如果进攻队员能护球成功，就可以继续展开下面的动作。为了更接近比赛情况，在练习中要使进攻队员处于略微有利的地位。

另外，按照对象侧重不同本章将练习分为了"进攻队员"（206～215页）和"防守队员"（216～220页）。原本"1对1"是进攻方和防守方双方的能力同时得到锻炼的综合性练习，但根据对象侧重点和规则的不同，分成了两个部分。

"1对1"练习对于喜欢打球赛的球员来说是非常具有挑战性和趣味性的。经常进行"1对1"练习可以保持球员的热情，希望教练可以多进行"1对1"的练习。

技术解说

试探步

基本动作

投篮

背打

运球

传球

篮板球

1对1

协调性

STEP 1

持球并观察防守球员的动向。

膝盖微曲，重心降低。

移动篮球，观察防守的反应。

STEP 2

迈出一小步，随后立即返回原来位置。

迈出一小步。迈出去的脚的脚后跟不超过原地的那只脚的脚尖。

重心在两脚之间。

迈出去的脚立即收回；打破对方防守计划以后继续向下一步进行。

技术解说 **反复试探性地迈步，打乱对方防守节奏**

"试探步"是单脚向前迈出一小步，随后迅速返回原位置，如此反复2~3次的步法。其目的是为了试探对方的动向。迈出去的脚的脚后跟不超过原地的那只脚的脚尖。注意保持重心一直在两脚之间。在比赛中进攻球员如果不处于有利状态，即可用此种方式试探对方，打乱其防守节奏。

技术解说 带球突破

观察对方选手动向。

移动篮球，打乱对方选手节奏。

STEP 1 移动篮球，与防守球员之间空出距离。

上身扭转，使后背正对防守，从对方前侧脚处冲出。

将球推出时要用力。

第一步和第二步的步幅要大。

STEP 2 用力推出篮球，迅速甩开对方选手。

技术解说 将球快速用力推出，突破防守，带球至篮下

"1对1"的情况下如何有效地运球是关键问题。

"带球突破"就是运球者带球冲向篮下。动作要领和"突破防守运球"（134页）相同。在将球推出之前，进攻球员可以将球上下左右移动，打破防守节奏。另外，进攻球员从对方前侧脚处冲出。

◀ 进攻球员可以先将球左右移动，再向上移动，使防守球员的重心上移。

技术解说

定位

两者距离为一臂长

防守球员位于进攻球员和篮筐之间的直线上。

前臂上举，手掌正对篮球

膝盖微曲，重心下移

■ 防守球员同进攻球员相距一臂长，做"篮球基本姿势"（21页）。

用"后撤步"（34页）后退

■ 对方将篮球下移的情况下，防守球员要警惕运球，将距离空出。

用"前进步"（34页）向前缩短同对方的距离

■ 对方将篮球上举的话，防守球员要警惕投篮，缩短和对方的距离。

技术解说 **和对方的距离恰好为一臂长**

"1对1"中防守与进攻球员两人之间距离是非常关键的因素。一般来说，防守要和进攻球员相距一臂长，伸直手臂即可触到篮球。若对方将篮球上举的话，防守球员要警惕其投篮，便缩短和对方的距离；若对方将篮球下移的话，防守球员则要警惕其投篮，便拉大之间距离；另外，防守球员应位于进攻球员和篮筐之间的直线上也是基本原则。防守球员应始终保持背对篮筐，正对进攻球员的姿势。

基本动作

投篮

背打

运球

传球

篮板球

1对1

协调性

技术解说

阻拦对手运球

上半身正对进攻球员移动。

STEP 1 对手运球速度比较慢的情况下采取"滑步"。

注意两脚不能并拢，要始终保持与肩同宽。

STEP 2 "滑步"时注意两腿不要并拢。

切换要自然、流畅

STEP 3 进攻球员速度加快时，防守步法换成"交叉步"。

STEP 4 上半身始终保持正对进攻球员，像跑步一样自然交叉双腿。

技术解说 **在"滑步"和"交叉步"之间互相切换**

　　如果防守的进攻球员无法进行投篮和传球，只能单纯地传球，那么可以说明该防守是成功的。即使这样，进攻球员也有可能摆脱防守。为了避免这一点，防守球员要灵活运用"滑步"（26页）和"交叉步"（27页），在进攻球员运球速度较慢的情况下，可以使用"滑步"，速度提高可以使用"交叉步"加以应对。

重要度 ★★★★★

难度水平 ★★★

场地 半场

练习 140

曲线防守（翼区）

目的 该项练习有助于进攻球员熟练掌握在翼区进攻的典型打法"起跳投篮"（54页）和"带球突破"（203页）等。防守球员沿类似香蕉的曲线靠近进攻球员。

将篮球在地上滚向队友。

传球球员向对方跑去，其运动轨迹类似于香蕉的曲线。

← 传球 ←--- 移动

练习步骤

① 进攻球员 Ⓐ 和防守球员 Ⓑ 在如图所示的位置站立。Ⓑ 持球。

② Ⓑ 将篮球在地上滚向 Ⓐ 方向，同时，沿曲线向 Ⓐ 跑去。

③ Ⓐ 捡起篮球后，迅速开始进攻。

变式组合

如果团队练习该打法时，可以将范围扩大到边线和底线。

■ Ⓐ 位于翼区，Ⓑ 在篮下准备。

传球球员向对方跑去，其运动轨迹类似于香蕉的曲线。

将篮球滚向队友

■ Ⓑ 将篮球滚向 Ⓐ 后迅速向 Ⓐ 的方向跑去。

教练笔记 如果进攻球员将手中篮球上下移动，防守球员就会随之应对。这时如果将篮球向上移动，防守球员会为了阻止"起跳勾手投篮"而举起手臂加以阻拦，这时，进攻球员再迅速转身，趁其不备出手投篮。

基本动作

投篮

背打

运球

传球

篮板球

1对1

协调性

重要度 ★★★★

难度水平 ★★★

场地 半场

练习 141

接球进攻

目的 该练习有助于掌握在葫芦顶处1对1进攻的技巧。防守球员在篮下接过传球以后迅速向进攻球员方向跑去，开始1对1对峙。

B传球后迅速向Ⓐ的方向跑去。

← 传球　◄--- 移动

练习步骤

① 进攻球员Ⓐ和防守球员Ⓑ在如图所示的位置站立。Ⓑ持球。

② Ⓑ将篮球传给Ⓐ以后，开始跑向Ⓐ。

③ Ⓐ接过传球以后迅速做好进攻准备。

教练笔记 进攻球员在接球时，轻轻起跳，在空中接球。从接球到落地为止极短的时间内，通过观察防守队员的动向，决定一下动作。

重要度 ★★

难度水平 ★★★★

场地 半场

练习 142

接球进攻

目的 这跟上面的"接球进攻"一样，在对进攻球员更有利的状况下，双方在葫芦顶部1对1对峙。

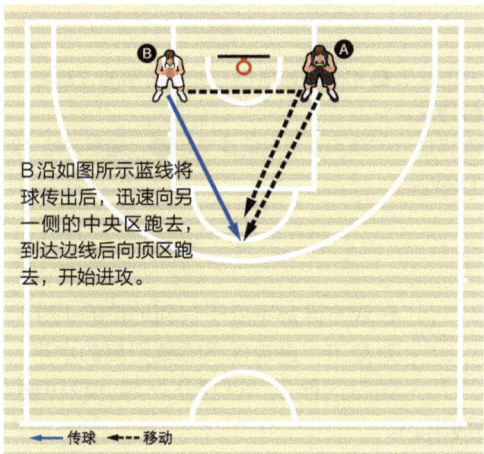

B沿如图所示蓝线将球传出后，迅速向另一侧的中央区跑去，到达边线后向顶区跑去，开始进攻。

← 传球　◄--- 移动

练习步骤

① 进攻球员Ⓐ和防守球员Ⓑ在如图所示的位置站立。Ⓑ持球。

② Ⓑ将篮球传给Ⓐ以后，迅速向另一侧的中央区跑去。

③ Ⓑ到达中央区边线以后，向葫芦顶处跑去，开始进攻。

教练笔记 从进攻球员处于有利位置开始练习1对1，训练效果会更好。

基本动作

投篮

背打

运球

传球

篮板球

1对1

协调性

207

练习 143

肘区进攻

重要度 ★★

难度水平 ★★★★

场地 油漆区

目的 该打法是肘区进攻得分的重要打法。因为该练习中进攻球员处于有利地位，要保证可以得分。

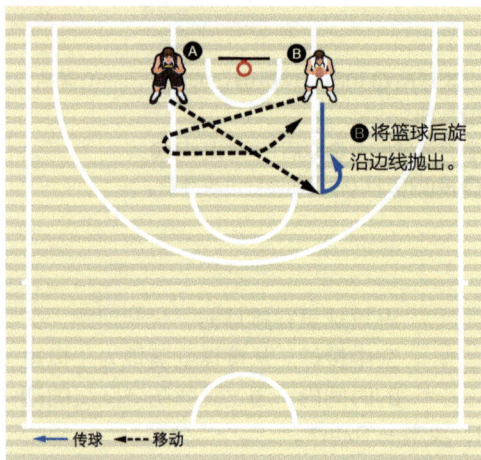

Ⓑ 将篮球后旋沿边线抛出。

← 传球　◄--- 移动

练习步骤

① 进攻球员Ⓐ和防守球员Ⓑ在如图所示的位置站立。Ⓑ持球。

② Ⓑ将篮球后旋抛出后，立即向相反方向的罚球线跑去。

③ Ⓐ向对角的肘区跑去，接住Ⓑ的传球，两人开始1对1进攻防守。

教练笔记 进攻球员在接球时应轻轻起跳，在空中接球。

练习 144

传球1对1进攻

重要度 ★★

难度水平 ★★★

场地 半场

目的 在攻防双方均无优势的情况下练习1对1。防守球员给进攻以压力，进攻球员甩开防守，投篮。

Ⓑ接过Ⓐ的传球后开始1对1攻防。

◄--- 移动　← 运球

练习步骤

① 进攻球员Ⓐ和防守球员Ⓑ在如图所示的位置站立。Ⓑ持球。

② Ⓑ将球运到葫芦顶部后把球交给Ⓐ，随后开始1对1攻防。

教练笔记 在双方谁都不处于有利地位的1对1对垒下，进攻球员需要更高的水平。如灵活使用"试探步"等，积极突破放手。

以进攻球员为中心的 1 对 1

练习 145

底角1对1

重要度 ★★

难度水平 ★★★

场地 **半场**

目的 在底角处进行 1 对 1 的练习，进攻球员处于有利地位。防守球员用"曲线防守"（206页）的方式阻止。

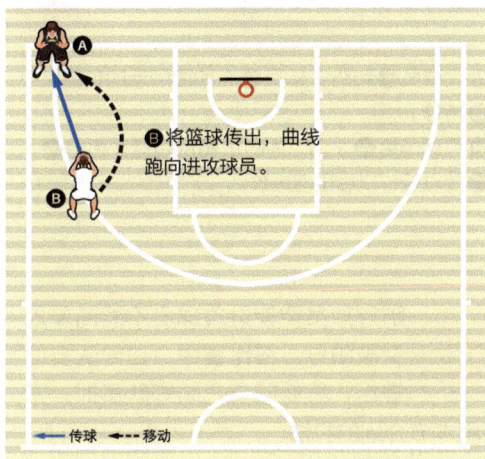

🅑 将篮球传出，曲线跑向进攻球员。

← 传球　←-- 移动

练习步骤

① 进攻球员🅐和防守球员🅑在如图所示的位置站立。🅑持球。

② 🅑将球传给🅐之后，沿图中曲线跑向🅐，开始防守。

③ 🅐接过篮球以后继续进攻。

教练笔记 防守球员将球传给进攻球员之后，沿图中曲线跑向进攻球员，开始防守。防守球员注意防守进攻球员向篮下运球。

以进攻球员为中心的 1 对 1

练习 146

中线1对1

重要度 ★★

难度水平 ★★★

场地 **半场**

目的 在中圈附近 1 对 1 的攻防练习。在比赛中，我们经常可以看见后卫选手将篮球投向对手区域后进行该打法，不仅后卫球员需要练习，队伍全员都要求掌握。

🅑 沿中线将篮球投出后，立即沿如图所示曲线跑向中圈。两人到达中圈后开始 1 对 1 攻守练习。

← 传球　←-- 移动

练习步骤

① 进攻球员🅐和防守球员🅑在如图所示的位置站立。🅑持球。

② 🅐跑向中圈，🅑将篮球沿中线传出。

③ 🅐接球以后立即开始进攻，🅑传球后迅速向中圈跑去，进行防守。

教练笔记 和上面的"底角 1 对 1"一样，防守球员用曲线防守方式阻拦进攻球员运球。为了对抗防守球员的阻拦，顺利进入投篮区，进攻球员需要有极强的运球、进攻水平。

以进攻球员为中心的1对1

重要度 ★★★★

难度水平 ★★★★

📋 **场地** 半场

练习 147

翼区1对1

目的 ▶▶ 防守球员在较远的位置向进攻球员传球，随后跑向进攻球员，进行防守。进攻球员处于有利地位，带球投篮。

Ⓑ传球后向低区的翼区附近。

← 传球 ◄-- 移动

练习步骤

① 进攻球员Ⓐ和防守球员Ⓑ在如图所示的位置站立。Ⓑ持球。

② Ⓑ将球传给Ⓐ之后，为防止Ⓐ的投篮，跑向Ⓐ。

③ Ⓐ接过篮球以后迅速进攻。

📋 **教练笔记** 防守球员要使进攻球员不能简单地突破防守。在比赛中，在帮队友助守后，再返回自己防守队员时，常使用本节介绍的打法。

以进攻球员为中心的1对1

重要度 ★★

难度水平 ★★★★

📋 **场地** 半场

练习 148

远距离传球、进攻

目的 ▶▶ 防守球员从较远的距离向进攻球员跑去，对此进攻球员通过运球突破防守。这样不仅仅可以提高1对1的能力，也可以提高队员体力。

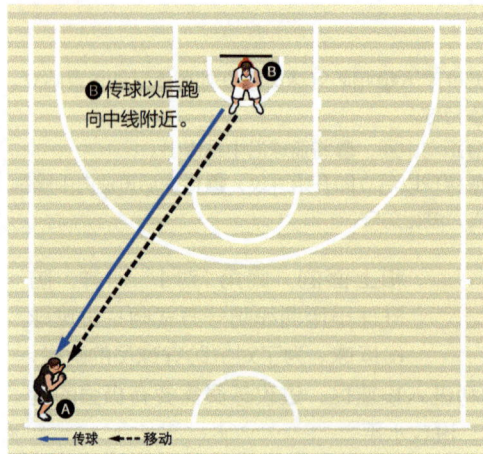

Ⓑ传球以后跑向中线附近。

← 传球 ◄-- 移动

练习步骤

① 进攻球员Ⓐ和防守球员Ⓑ在如图所示的位置站立。Ⓑ持球。

② Ⓑ向Ⓐ传球，随后立即跑向Ⓐ处进行防守。

③ Ⓐ接球以后，迅速开展进攻。

📋 **教练笔记** 进攻球员接到球以后迅速开展进攻，要求防守球员能够熟练掌握急停、灵活转身等技术。

练习 149

后撤接球

重要度 ★★

难度水平 ★★★★

场地 **半场**

目的 ▶ "后撤接球"就是指接球时远离持球者。在1对1的对抗中，常需使用这一打法。

■ 球员Ⓐ、Ⓑ在高区附近准备。

■ 教练发出开始信号以后，Ⓐ向底角，Ⓑ向罚球区跑去。

■ Ⓐ在底角接球后，Ⓑ从罚球区返回，开始进行防守。

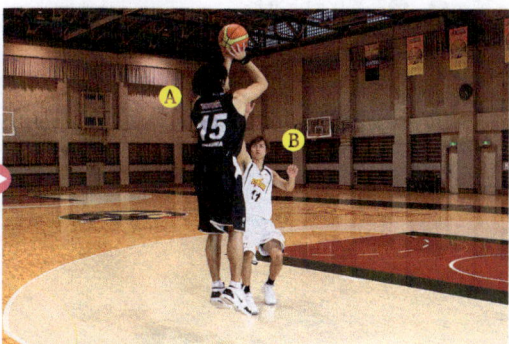

■ Ⓐ接球后开展进攻，持球准备投篮。

练习步骤

① 进攻球员Ⓐ和防守球员Ⓑ在如图所示的位置站立。

② 教练发出开始信号以后，Ⓐ向底角，Ⓑ向罚球区跑去。

③ Ⓐ接过Ⓒ传来的球以后，准备投篮。

教练笔记

这一打法可以将"1对1"的攻守扩展到底角，进攻球员在底角投篮。同时，进攻球员要在移动过程中接球。这是非常难以把握好时机的，所以要多进行练习。球员在接球时要轻轻起跳，在空中接球。

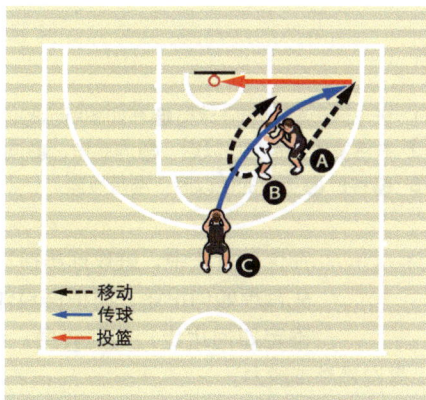

◄- - 移动
◄— 传球
◄— 投篮

重要度 ★★★★

难度水平 ★★★

场地 **半场**

练习 150

远距离接球、进攻

目的 在进攻时，进攻球员有时可以远离篮筐，在三分线外接球后再次进攻投篮。1对1中，进攻球员通过这种方式接球，随后投篮。建议球员灵活使用"派特运球"（90页）技术。

■ 球员Ⓐ、Ⓑ在高区附近准备。

■ 教练发出开始信号以后，Ⓐ向底角，Ⓑ向底线跑去。

■ Ⓐ在底角接球后，Ⓑ从底线返回，开始进行防守。

■ Ⓐ接球后开展进攻，持球准备投篮。

练习步骤

① 进攻球员Ⓐ和防守球员Ⓑ在如图所示的位置站立。
② 教练发出开始信号以后，Ⓐ向底角，Ⓑ向底线跑去。
③ Ⓐ接过Ⓒ传来的球以后，准备投篮。

教练笔记 在这一打法中，进攻球员接球方式是关键点。先预想如何投篮，再根据具体方法选择步法，确定如何止步，如何转身。这对于进攻球员来说是基本能力。

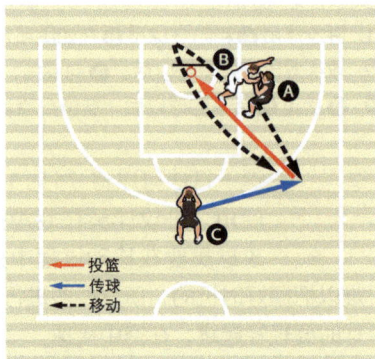

■ 投篮
■ 传球
■ 移动

基本动作 投篮 背打 运球 传球 篮板球 1对1 协调性

重要度	★★
难度水平	★★★★
🏀 场地	半场

练习 151 1对1快速进攻

目的 ▶ 想像在进行1对1快速进攻防守。进攻球员快速移动，接住篮球后"上篮"（60页）。

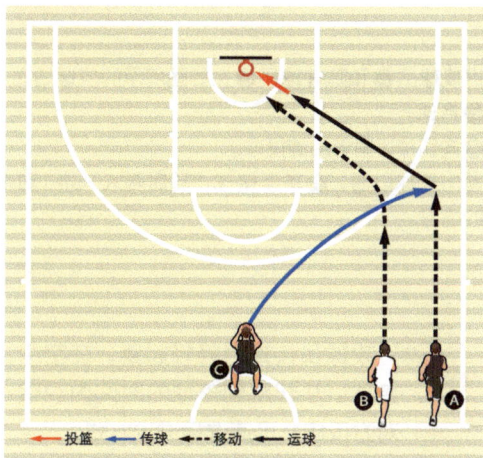

图例：🔴 投篮　🔵 传球　⚫ 移动　⚫ 运球

练习步骤

① 进攻球员🅐和防守球员🅑在如图所示的位置站立。

② 🅐、🅑同时向底线跑去。

③ 🅐接过🅒传来的球以后准备上篮，防守球员🅑阻拦防守。

教练笔记 在接球时，如果进攻球员身后有防守球员紧盯，则需要迈出一大步，以篮筐为目标，快速运球。

重要度	★★
难度水平	★★★★
🏀 场地	半场

练习 152 无球权犯规下的1对1

目的 ▶ 两名球员在中圈附近准备争抢球，抢到的一方为进攻方，这就是无球员犯规情况。在比赛中常常出现，对抢球能力要求很高。

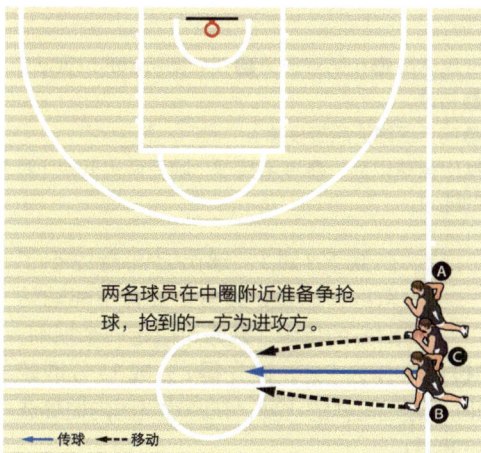

两名球员在中圈附近准备争抢球，抢到的一方为进攻方。

图例：🔵 传球　⚫ 移动

练习步骤

① 两名球员🅐、🅑在中线同边线相交处附近准备好。

② 在篮球被掷出后，🅐、🅑向中圈跑去互相抢球，抢到球的球员作为进攻球员，没抢到球的球员作为防守，进行1对1的练习。

教练笔记 在比赛中，进攻球员抢到球以后，迅速向下一个动作移动。而防守球员在无球员犯规的情况下，要判断、选择是应该抢球还是应该紧盯进攻球员。

基本动作

投篮

背打

运球

练习 153

高区1对1

目的 通过两人的练习，可以提高双方在高区附近的篮球技巧和水平。进攻球员并不处于有利地位，对其来说也是一个考验。

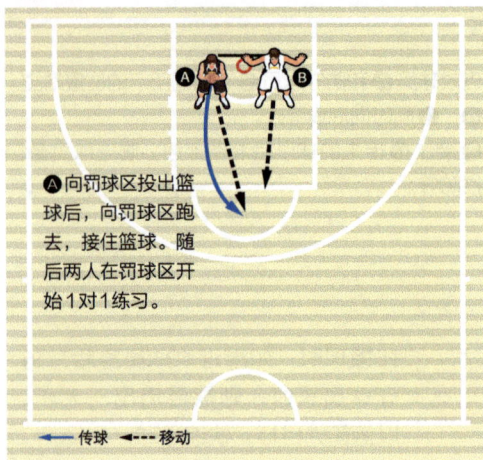

A向罚球区投出篮球后，向罚球区跑去，接住篮球。随后两人在罚球区开始1对1练习。

← 传球　←-- 移动

练习步骤

① 进攻球员 **A** 和防守球员 **B** 在如图所示的位置站立。**A** 持球。

② **A** 向罚球区附近后旋投球。

③ 抛出篮球以后，**A** 单手接球，随后两人开始1对1的练习。

教练笔记 进攻球员接球时轻轻起跳，在空中接球。从起跳到落地的时间内观察对方反应，迅速选择进攻方式。

传球

篮板球

1对1

协调性

练习 154

低区1对1

目的 上面介绍的"高区1对1"是提高选手在高区进攻防守能力的练习，本节介绍的"低区1对1"则是提高在低区作战能力的练习。进攻球员将篮球投至低区附近。

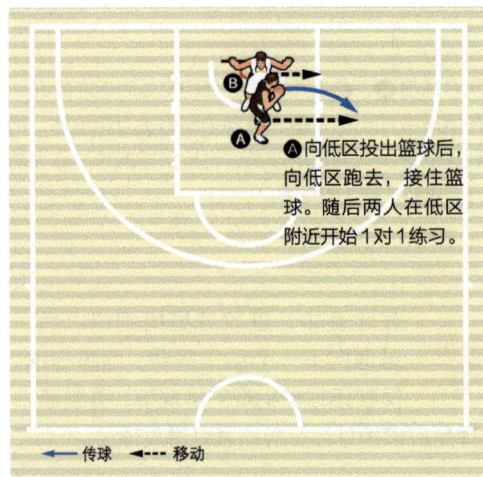

A向低区投出篮球后，向低区跑去，接住篮球。随后两人在低区附近开始1对1练习。

← 传球　←-- 移动

练习步骤

① 进攻球员 **A** 和防守球员 **B** 在如图所示的位置站立。**A** 持球。

② **A** 向低区附近后旋投球。

③ 抛出篮球以后，**A** 单手接球，随后两人开始1对1的练习。

教练笔记 在篮下1对1，球员之间避免不了有身体碰撞、接触。要有不能输给对方的信念。双方可以定一个规则，如投进一球为1分，谁先得7分或11分谁就获胜。通过这样的比赛，在游戏氛围内提高选手的能力。

练习
155

V形1对1

重要度 ★★★

难度水平 ★★★

场地 **半场**

目的 比赛中在翼区经常会出现1对1的对峙。在接球之前，进攻和防守球员之间进行互相对峙，通过这样接近实际比赛的练习，球员1对1的技术会进一步提高。

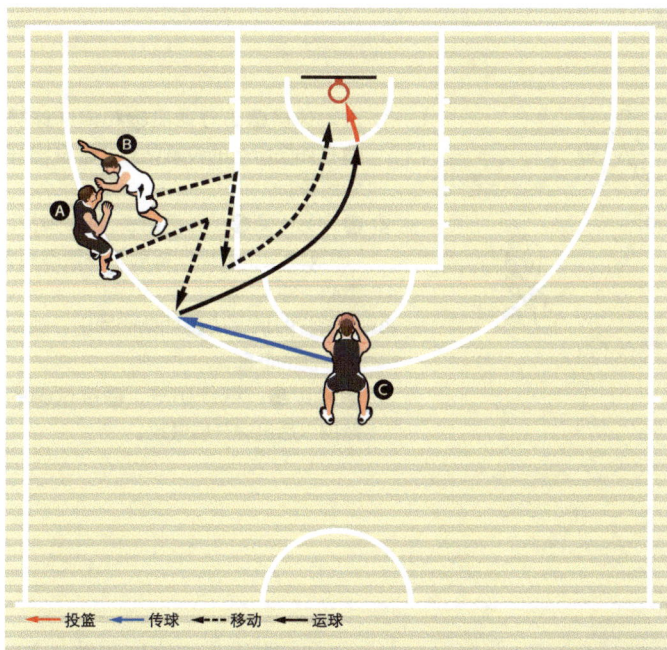

← 投篮　← 传球　◄-- 移动　← 运球

练习步骤

① 进攻球员Ⓐ、防守球员Ⓑ、传球选手（Ⓒ或教练）在如图所示的位置站立。

② Ⓐ先将Ⓑ向球筐方向推，随后向三分球线方向跑去，接住Ⓒ的传球。

③ Ⓐ接住篮球以后立即开展进攻，Ⓑ进行防守。

▌Ⓐ先将Ⓑ向球筐方向推。

▌Ⓐ跑向三分球线，接住Ⓒ的传球。

教练笔记 进攻球员先将防守球员向球筐方向推，随后突然向三分球线跑去。这一动作，一方面和传球者距离更近，另一方面，突然的变化使防守球员难以对应。这一练习俯瞰起来像V形，因此被称为"V形1对1"。

基本动作

投篮

背打

运球

传球

篮板球

1对1

协调性

练习
156

掩护

目的 掩护，是指进攻球员用自己身体为队友设置掩护，阻碍队友的防守者的行动路线，让其获得更多活动空间的配合。通过本练习，可以掌握掩护的技术，提高球员在低区1对1的水平。

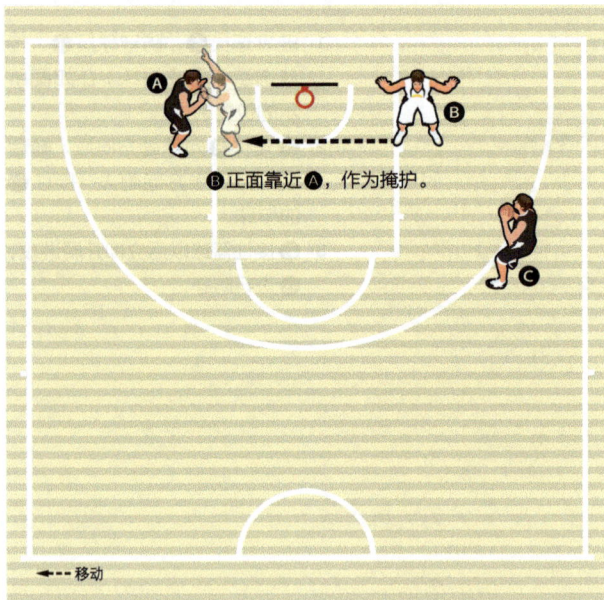

Ⓑ正面靠近Ⓐ，作为掩护。

←--- 移动

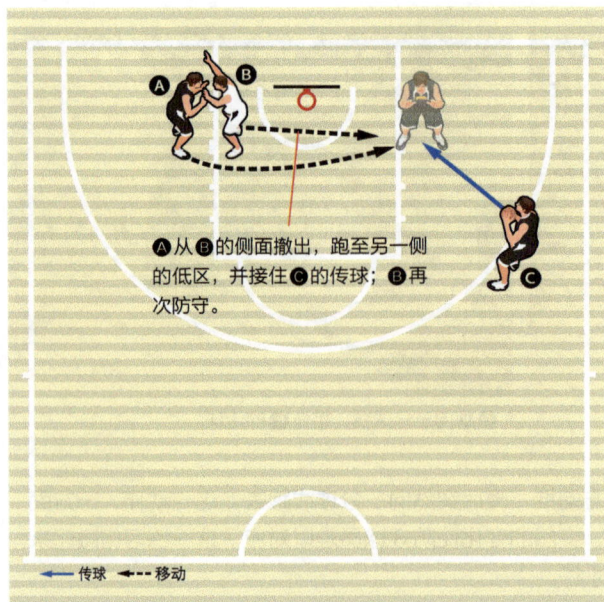

Ⓐ从Ⓑ的侧面撤出，跑至另一侧的低区，并接住Ⓒ的传球；Ⓑ再次防守。

←— 传球　←--- 移动

练习步骤

① 进攻球员Ⓐ防守球员Ⓑ和传球球员Ⓒ在如图所示的位置站立，Ⓒ发出开始信号。

② Ⓑ向另一侧Ⓐ的位置跑去，Ⓑ做掩护。（进攻球员手臂护在胸前，膝盖微屈，重心下移）。

③ Ⓐ寻找时机，从Ⓑ的侧面冲出，跑向另一侧的低区。

④ Ⓑ紧跟Ⓐ，继续防守；Ⓐ接过Ⓒ的篮球以后迅速开展进攻。

教练笔记 本练习的掩护叫做"交叉掩护"，是非常基本的低区团队常用打法。在低区使用此打法，更有助于团队内部互相传球，在1对1的对抗中得分。

▲ 在进行掩护时，进攻球员要从防守者身体侧面冲出。

重要度 ★★

难度水平 ★★★★

场地 **半场**

练习
157

紧盯

目的 防守球员的职责之一就是要紧跟所防守的进攻球员。即使该球员没有持球，防守也需紧盯。

Ⓑ同Ⓐ的距离为一臂长。

←--- 移动 ←── 运球

练习步骤

① 进攻球员Ⓐ和防守球员Ⓑ在如图所示的位置站立，Ⓐ持球。

② Ⓐ前进速度不定，运球过程中可以同时进行"左右手互换"（149页）等动作。Ⓑ始终跟随Ⓐ的动作，距离保持为一臂长。

③ 整个动作持续20~30秒，之后进攻和防守队员互换。

教练笔记

在该动作中，进攻队员同防守队员动作始终一致，像是在同一空间内移动一样，因此也被称为"容器"。步法不同，进攻球员的运球速度也不同，而防守球员的目标即阻止进攻球员靠近篮筐。

▲防守球员要死跟对方球员。

变式组合

将练习过程用分数可视化可以提高队员练习积极性。比如，在该练习中，进攻球员投篮成功，记为1分；若在运球过程中出现失误，或被防守抢球，则扣一分。最后看比分多少。

▲成功投篮一次则加一分。

217

练习 158

沿边线防守

目的 该练习是在边线上进行的1对1练习。进攻球员在边线上，掌握速度和方向，防守球员阻止进攻球员向场地中心移动。

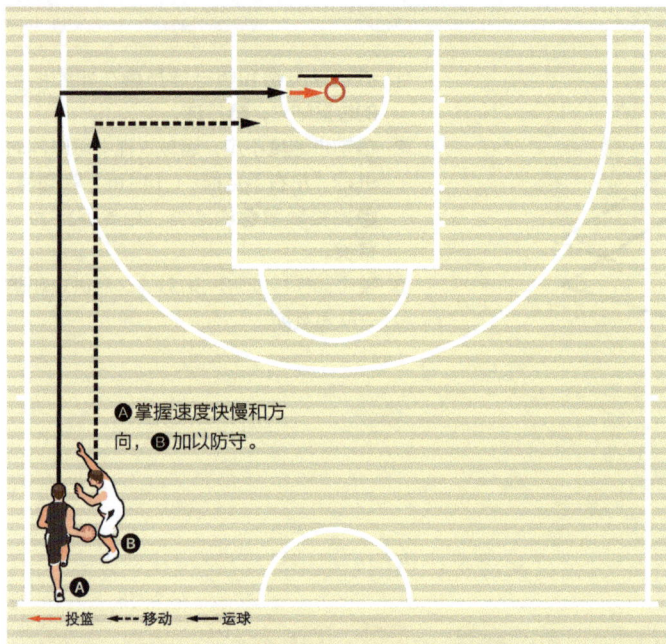

A掌握速度快慢和方向，B加以防守。

← 投篮　◄-- 移动　◄— 运球

练习步骤

① 进攻球员A和防守球员B在如图所示的位置站立，A持球。

② A在边线上运球，B加以防守阻止A向场地中心移动。

③ A到达底角时，准备"带球突破"（203页），B阻止其投篮。

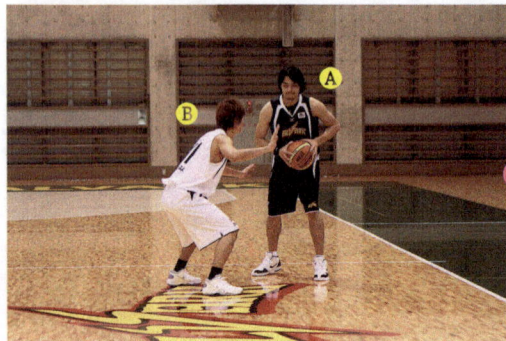

■ 以中线和边线交界为起点。

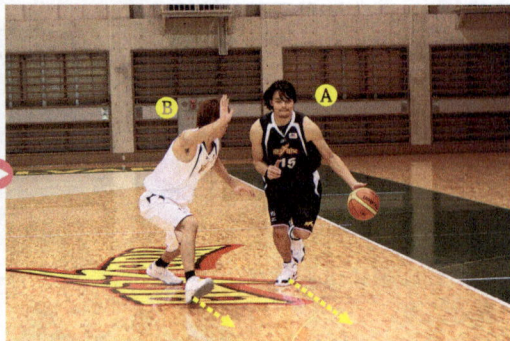

■ B加以防守，阻止A向场地中间移动。

教练笔记 该打法是团队中防守球员常使用的基本打法，主要目的就是阻止进攻球员靠近篮筐。在刚开始练习时，进攻球员速度可以放得比较慢，熟练掌握以后，进攻球员加快速度，甚至可以突然冲向场地中央，防守球员则要集中精力加以应对。

基本动作

投篮

背打

运球

传球

篮板球

1对1

协调性

重要度 ★★★

难度水平 ★★★

场地 **半场**

练习 159

防守快速运球

目的 此练习是防守球员在没有防守住对方球员时的应对措施。如果是较长距离的运球，防守球员应使用"交叉步"（27页）应对；追到对方球员以后，则应使用"滑步"（26页）。

开始时防守球员可以使用"交叉步"（27页）应对，如果要追对方球员，则应使用"滑步"（26页）。

← 投篮　←- 移动　← 运球

练习步骤

① 进攻球员Ⓐ和防守球员Ⓑ在如图所示的位置站立，Ⓐ持球。

② Ⓐ向罚球区顶部运球，Ⓑ预测将要追到的地方，采用"交叉步"到达该地。

③ Ⓑ追到Ⓐ以后，背对着篮筐，正对着Ⓐ，阻止Ⓐ的投篮。

教练笔记 在追对方运球球员时，根据其速度变化，灵活采用"交叉步"和"直步"。

练习 160

滑步1对1

目的 该练习是模拟实际比赛，在双方体力下降的情况下进行的1对1练习。球员如果腿部过于疲劳的话，整体姿势就会走形。通过这一练习，在增强体力的基础上，球员可以更好地防守。

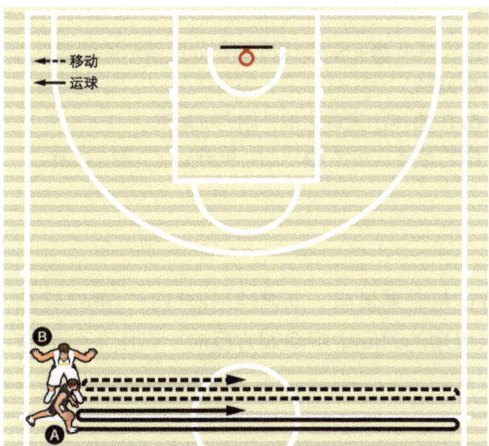

←- 移动　← 运球

练习步骤

① 进攻球员Ⓐ和防守球员Ⓑ在如图所示的位置站立，Ⓐ持球。

② Ⓐ沿中线运球，Ⓑ采用"滑步"紧随其后加以防守。往复一次以后，进攻球员再次沿中线运球至中圈，在中圈内开展1对1攻守练习。

教练笔记 在比赛刚开始时，进攻球员会采用"篮球基本姿势"（21页）护球，但随着比赛进行，球员逐渐疲劳，许多姿势会走形。因此，球员除技术性训练以外，也要加强体力训练。

重要度 ★★★★

难度水平 ★★★★★

场地 **半场**

练习 161

两队攻守1对1练习

目的 进攻球员准备在6秒之内投篮，而防守球员对此加以阻止。该练习适合作为团队训练来练习。

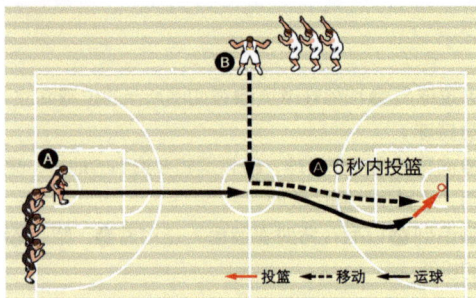

Ⓑ

Ⓐ 6秒内投篮

Ⓐ

← 投篮 ◄--- 移动 ← 运球

练习步骤

① 进攻球员Ⓐ和防守球员Ⓑ在如图所示的位置站立，Ⓐ持球。

② 听到开始指令以后，Ⓐ运球向篮内投球，Ⓑ跑向Ⓐ处加以阻拦。

③ 如果作为团体训练进行练习的话，其他球员在Ⓐ和Ⓑ之后排队，6秒一组，进行1对1练习。

教练笔记 防守球员在进行防守时需要注意一个要点：即让进攻球员远离球筐，或者使其必须应用"左右手互换"（149页）等技巧，以拖延进攻球员的时间，争取更多机会。

重要度 ★★★★

难度水平 ★★★★★

场地 **全场**

练习 162

互相传球后1对1练习

目的 这是在全场进行的综合性的接近实际比赛的1对1练习。刚开始进攻球员和防守球员互相传球，接着便开始1对1攻守练习。

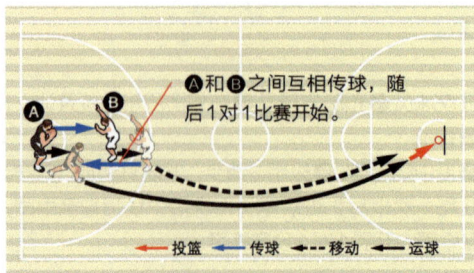

Ⓐ和Ⓑ之间互相传球，随后1对1比赛开始。

Ⓐ Ⓑ

← 投篮 ← 传球 ◄--- 移动 ← 运球

练习步骤

① 进攻球员Ⓐ和防守球员Ⓑ在如图所示的位置站立，Ⓐ持球。

② Ⓐ在Ⓑ传出篮球之前开始向前运动。

③ Ⓐ将球再次传给Ⓑ以后，就开始了1对1比赛。

教练笔记 进攻球员尽量使用快速进攻的打法，防守球员紧随其后。两名球员接球时，要轻轻起跳，在空中接过篮球，并从起跳到落地这极短的时间里观察对方反应，做出下一动作的选择。

第八章
协调性

协调性就是将状况判断和打法选择一体化并有效控制身体的一种能力。不仅是篮球，所有的运动都需要很高的协调能力，所以球员应将协调能力的训练和之前介绍的篮球技巧结合起来练习。

协调性的基础知识

1 关于协调性

◎对身体的控制能力

概括来说，协调性就是将状况判断和打法选择一体化，并有效控制身体的一种能力。具体来说，我们可以列举出"定位能力""转换能力""识别能力""反应能力""整体性""节奏感""平衡感"等。

在过去，这些能力可以通过捉迷藏等户外游戏得到加强。但现在孩子们在室外游戏的机会减少，协调能力无法得到提高。这也是现在孩子体力下降的一个重要原因。

定位能力	根据不断移动的队友、对方球员、篮球以及篮筐的相对位置，能够判断自己所在的位置，并做出正确决定的能力。（信息处理）
转换能力	在完成一个动作的过程中（例如突破防守时），根据对方动作突然感知、预测到变化，并随变化转变打法的能力。（预测、先发制人）
识别能力	为了可以抓住恰当时机，并处理好如力量大小等细节问题，身体的各个部位需要正确、灵活地互相配合。（协调性）
反应能力	对预测的信号，能够快速、恰当地给予应对
整体性	将打法、个人技术、团队战略等完美地融合在一起的能力
节奏感	平时训练时注意节奏性，模仿一流球员的节奏，并能够在比赛中运用
平衡感	在空中或移动过程中维持身体的平衡，平衡被打破后能快速恢复的能力

来自：《体育竞技者能力养成项目的计划》财团法人日本奥林匹克委员会2001年3月31日

◎能力提升不可欠缺的因素

篮球的协调性是指根据和篮筐的距离、其他球员的位置等外部信息作出判断，并迅速做出应对的能力。

无论投篮、运球等技术多么高超，球员如果不能根据场上状况迅速做出反应及应对，这些技术就丧失了意义。

要想成为一个一流选手，球员应该在平时训练时加强协调性的体力练习。

▲在比赛中要能够根据情况灵活应对，这需要良好的协调性。

2　协调性的要点

锻炼躯干力量

◎躯干是所有动作的基础

本章除了介绍协调性练习外，还介绍躯干练习的方法。

躯干是所有动作的基础。例如，标准的"持球基本姿势"（20页）需要较强的躯干力量；有力的躯干也是"起跳投篮"（56页）时在空中保持平衡的重要条件。

▲躯干力量的锻炼是一切技术的基础，是成为一名优秀选手重要的要素。

协调训练

◎并不是所有练习都需要持球

和体操等体育项目不一样，篮球是一项必须根据对方动作迅速作出反应的运动。比如在准备投篮时，对方球员上前防守，这就需要球员迅速将球传出去。

本章228～237页将会介绍提高身体反应能力以及快速切换能力的练习。持球训练并不是提高篮球技术的唯一方法。协调性训练对场所没有要求，球员在家里也可以练习。

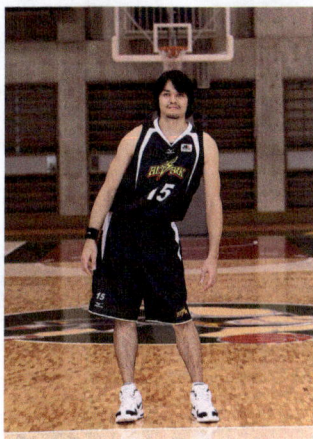

▲不持球练习对提高篮球技术也很有效。

3　练习注意事项

◎协调性练习可以当作热身运动

本章介绍的练习对体力要求并不高，可以当作训练之前的热身运动。

有很多人认为只有小学生和中学生才适合做协调性训练。实际上，有研究表明，即使超过这一年龄，协调性训练对于身体素质的提升也有显著效果。协调性训练不需要占用很多时间，可以当作热身运动或者在团队训练中间穿插的练习。

另外值得注意的一点是，如果急于加大运动量，反而会破坏身体的协调性。如果感觉到训练有难度，可以退一步做一些比

较容易的练习。体力与协调性的训练要循序渐进。

▲可以将协调性训练当作热身运动。

练习 163

躯干稳定性训练（平板支撑）

重要度 ★★★★

难度水平 ★★

场地 任意

目的 躯干力量是篮球中所有技术的基础。该练习通过双肘和双脚脚尖撑地，坚持7~20秒时间，锻炼躯干力量。

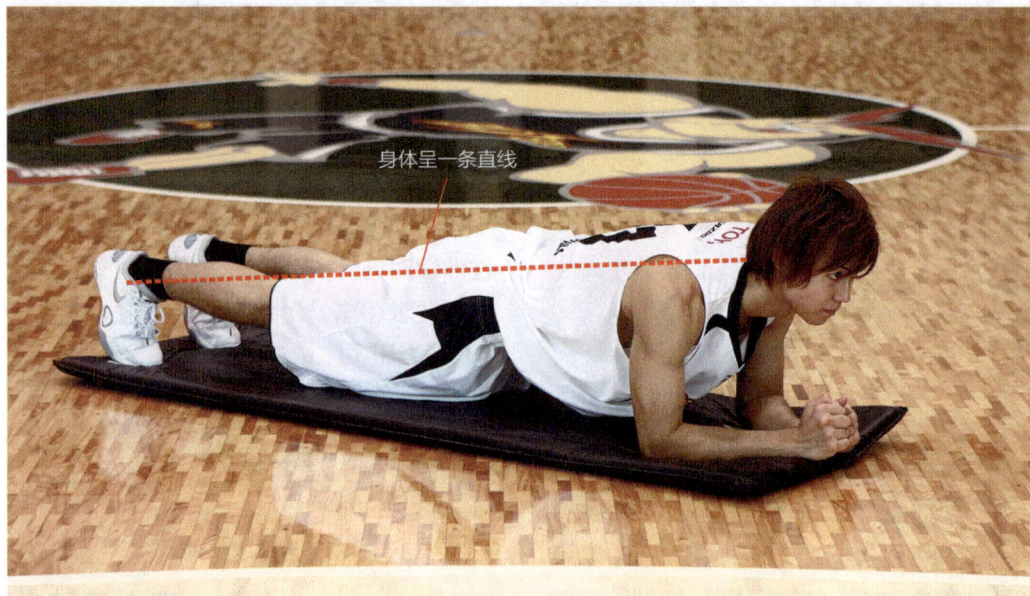

身体呈一条直线

▌双肘和双脚脚尖撑地，坚持7~20秒时间。

练习步骤

① 先俯卧在垫子上，然后双肘和双脚脚尖支撑身体。

② 注意腿、腰、肩都在一条直线上，不要屏住呼吸，坚持7~20秒。

教练笔记 这样不通过其他器械道具，仅靠自身体重来锻炼体力的方法，从小学生到成人，都很适用，特别推荐给身材较小的篮球运动员。在20秒里，如果身体开始发抖，无法坚持的话，即可终止练习。

变式组合

▶ 俯卧平板支撑结束后，需练习仰卧平板支撑。

篮球的练习，讲究前后、左右、内外的对称。例如右手练习完运球后，左手也需要练习。在做平板支撑练习时也需要对称。球员可以仰卧在垫子上，随后手肘和脚跟撑地，坚持7~20秒钟。

躯干力量锻炼

躯干稳定性训练（体侧1）

重要度 ★★★★

难度水平 ★★

场地 **任意**

目的 侧面支撑在垫子上，可以和之前介绍的躯干平板支撑一起练习。

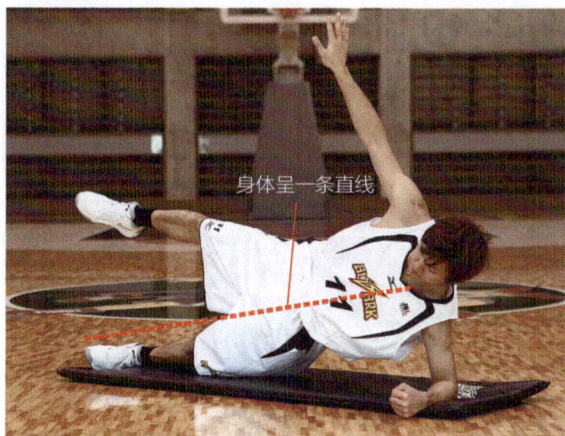

身体呈一条直线

练习步骤

① 侧躺在垫子上，单侧手臂和一只脚支撑身体。

② 不触地的一侧脚与手臂上举，不要屏住呼吸，坚持7~20秒。

教练笔记 撑地的脚、腰、肩在一条直线上。如果感到该姿势比较困难，可以先将另一侧手臂与脚放下，等体力增强后再尝试向上举起。

▌单侧手臂、脚支撑身体。

躯干力量锻炼

躯干稳定性训练（体侧2）

重要度 ★★★★

难度水平 ★

场地 **任意**

目的 本练习是上一个练习的变式，对体力要求不高，女性也可以轻松完成。

身体呈一条直线

练习步骤

① 侧躺在垫子上，单侧手掌和另一侧脚支撑身体。

② 不触地的手臂伸直放在腰部，撑地手同侧的膝盖弯曲，脚放到另一条腿膝盖附近。住呼吸，坚持7~20秒。

教练笔记 撑地的脚、腰、肩尽量在一条直线上。经常有球员出现腰部下沉的情况，要时刻注意。

▌侧对垫子，手掌和另一侧脚撑地。

重要度 ★★★★★

难度水平 ★★

场地 **任意**

练习 166

蜘蛛人

目的 手脚着地像蜘蛛人一样向前移动，以锻炼躯干。要点是整个身体尽量不要从地面离开。此练习不要求速度，慢慢地感受身体的拉伸部位的紧张。

双手双膝着地，随后一只手和反侧脚向前进。

向前迈的一侧腿的膝盖和不动的手臂相碰。

向前的膝盖碰到同侧手臂。

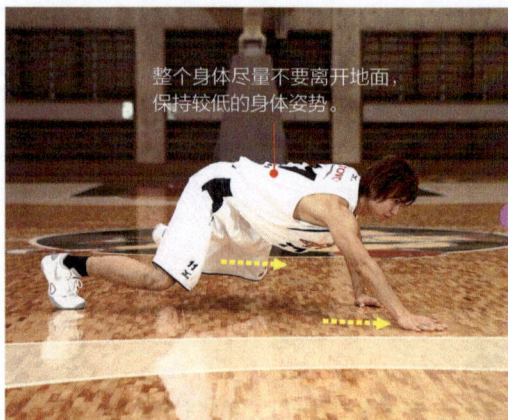

整个身体尽量不要离开地面，保持较低的身体姿势。

刚才没有移动的手和脚向前移动。

向前迈的一侧腿的膝盖和不动的手臂相碰。重复练习。

练习步骤

① 双手双膝着地，一只手和反侧脚向前进。

② 向前迈的一侧腿的膝盖和同侧不动的手臂相碰。随后刚才没有移动的手和脚向前移动。重复练习，每次前进10~15米。

教练笔记 "同侧膝盖和手臂相碰以后，就继续向前移动"，该练习只需记住这一条即可。在场地练习的话，可以从一条边线开始到另一侧边线结束。

给球员的建议

和"蜘蛛人"练习相对的是，背部朝地，以仰卧的姿势移动。具体来说，手掌和脚撑地，手掌和反侧脚向前移动，手掌到达屁股附近后，反方向手掌和脚再次向前移动。这也可以强化躯体力量。

单脚站立

重要度 ★ ★

难度水平 ★

场地 任意

目的 直立状态下，单脚抬起。这是锻炼躯干力量的有效方法。动作简单，在任意场所都可以练习。

膝盖抬起，小腿与地面垂直。

▋双手张开，单脚站立，保持静止。

练习步骤

① 直立状态下，单脚抬起。
② 双手侧平举。保持该姿势7~29秒。

教练笔记 要时刻注意抬起的大腿和小腿呈90度，骨盆不要倾斜，平行于地面。包括下半身的躯干，要保持平衡。在熟练掌握以后，可以尝试闭上眼睛，保持平衡。

单脚站立（上体前倾）

重要度 ★ ★

难度水平 ★ ★

场地 任意

目的 这是上一个动作的变式，同样可以锻炼躯干力量，保持平衡。上体要向前倾，头部、肩、抬起的腿在同一条直线上，难度系数更高。

身体要呈一条直线

▋单脚站立身体向前倾，保持平衡。

练习步骤

① 直立状态下，单脚向后抬起。
② 双臂侧平举，上体从腹部向前倾，向后抬起的腿伸直。保持该姿势7~20秒。

教练笔记 如图所示，从侧面看，抬起的脚与背部、头部呈一条直线。习惯以后可以尝试上身向身体两侧转动。

基本动作

投篮

背打

运球

传球

篮板球

1对1

协调性

协调性练习

重要度 ★★

难度水平 ★★

练习 169

转体接球

场地 任意

目的 传球队员"反弹传球"（166页），接球者转体一圈后接球。通过此练习，可以锻炼球员对自己和篮球之间的位置关系的判断，提高"定位能力"。

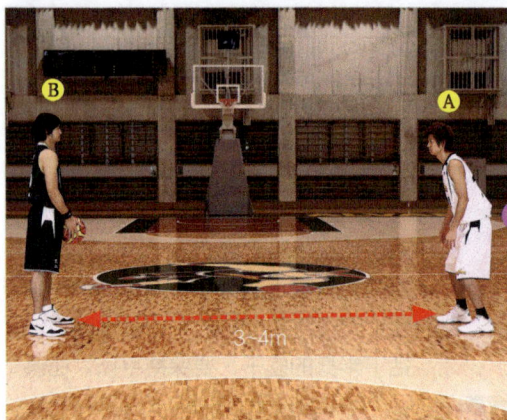

3~4m

■ Ⓐ和Ⓑ相隔3~4米，面对面站立。

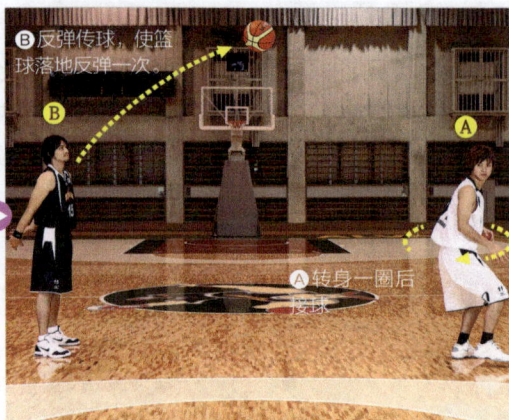

Ⓑ反弹传球，使篮球落地反弹一次。

Ⓐ转身一圈后接球

■ Ⓑ将球投出，Ⓐ转身一圈后准备接球。

■ Ⓐ寻找恰当时机，准备起跳接球。

■ Ⓐ起跳在空中接到球以后，在落地之前将球传出。

练习步骤

① 练习者Ⓐ和传递者Ⓑ相距3~4米，面对面站立。

② Ⓑ反弹传球，将球传出。Ⓐ对篮球落地时间和位置做出预测，随后转身一圈后准备接球。

③ Ⓐ起跳在空中接球，并在落地前迅速将球传出。

教练笔记 从传球队员的"反弹传球"开始，首先节奏不要快，熟练以后逐渐加快速度。通过此练习，身体的平衡感可以得到很大提高。

重要度 ★★

难度水平 ★★★

场地 **任意**

练习 170

反转接球

目的 先观察篮球和自己的位置关系，以便转身后准确地接到球。接球时反应速度要快，平时练习时也要有比赛意识。

▌Ⓐ和Ⓑ相隔3~4米，面对面站立。

▌Ⓑ将球传出，高度要越过Ⓐ的头顶，能够落在Ⓐ的背后。

预测落点，转身接球

▌Ⓐ预测篮球落点，转身180度接球。

▌Ⓐ准确接住篮球。

练习步骤

① 练习者Ⓐ和传球者Ⓑ相距3~4米，面对面站立。

② Ⓑ将球传出。高度要越过Ⓐ的头顶，能够落在Ⓐ的背后。

③ Ⓑ将球传出以后，Ⓐ预测篮球落点，转身向篮球落点位置，双手接球。

教练笔记 这个练习像做游戏，气氛比较轻松。在熟练练习以后接球球员可以在接球后投篮。在相同的时间内，两队比赛谁投篮更多，这样练习的乐趣又进一步增加了。

协调性练习

重要度 ★★★

难度水平 ★★★

场地 任意

练习 171

上抛接球

目的 向头顶上方抛球，在未接球之前，同队友传一个来回的球。通过此练习可以提高对篮球和自己位置关系的判断，更加准确地把握时间与空间感。

■ Ⓐ和Ⓑ相隔3~4米，面对面站立，同时持球。

■ Ⓐ将篮球抛向正上方，Ⓑ随即将球传给Ⓐ。

■ Ⓐ接住Ⓑ传来的球后迅速传回给Ⓑ。

■ Ⓐ接住上抛的篮球。

练习步骤

① 练习者Ⓐ和传球者Ⓑ相距3~4米，面对面站立。

② Ⓐ将篮球抛向正上方，随后Ⓑ迅速将球传给Ⓐ。

③ Ⓐ接住Ⓑ传来的球后迅速传回给Ⓑ，并接住上抛的篮球。

教练笔记 球员要考虑将篮球上抛多高可以确保有时间接住Ⓑ的传球并传出。对这一时间进行精准的预测是这项练习的要点。如果预测失败，则直接导致无法将球顺利传回对方。此练习对动作的准确性和快速性的要求很高。

协调性练习

练习 172

上抛接球（绕腰部盘球一周）

重要度 ★★

难度水平 ★★★★

场地 任意

目的

刚才介绍的"上抛接球"的变式。将自己手中篮球向上抛后，接住队友的传球，将球绕腰部盘球一周。

Ⓐ将自己手中篮球向上抛后，接住Ⓑ的传球，将球绕腰部盘球一周。

练习步骤

① Ⓐ和Ⓑ相隔3~4米，面对面站立，两人同时持球。

② Ⓐ将篮球抛向正上方，Ⓑ随即将球传给Ⓐ。

③ Ⓐ接住Ⓑ传来的球后，绕腰部盘球一周。之后Ⓐ接住上抛的篮球。

教练笔记 该练习对速度要求极高。要记住控制篮球的感觉。

协调性练习

练习 173

上抛接球（绕小腿盘球一周）

重要度 ★★

难度水平 ★★★★★

场地 任意

目的

和刚才介绍的"上抛接球（绕腰部盘球一周）"一样，也是将自己手中篮球向上抛后，接住队友的传球，盘球一周后接住自己的篮球。由于是在小腿盘球，难度系数更高。

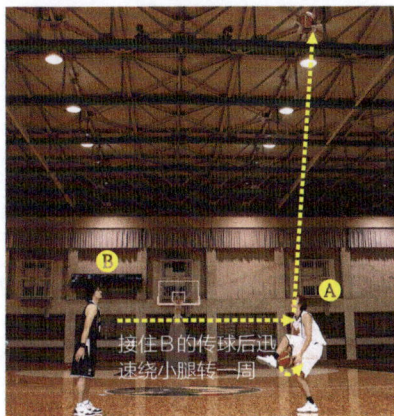

接住B的传球后迅速绕小腿转一周。

练习步骤

① Ⓐ和Ⓑ相隔3~4米，面对面站立，两人同时持球。

② Ⓐ将篮球抛向正上方，Ⓑ随即将球传给Ⓐ。

③ Ⓐ接住Ⓑ传来的球后，抬起一条腿，绕小腿部盘球一周。结束后，Ⓐ接住上抛的篮球。

教练笔记 这个练习的难度系数非常高，为了能顺利完成，球员需要快速地接球、盘球；并对上抛篮球高度进行调整，对时间的计算也要非常精确。

协调性练习

练习 174

"く"形练习

重要度 ★★
难度水平 ★★
场地 任意

目的 直立状态下扭动腰的练习。通过这一练习，身体关节可以变得更灵活、柔软，运动时更有节奏感。

放松站立，腰部向左右扭动，身体呈"く"形。

练习步骤

① 放松直立。
② 要注意肩部以上部位没有任何移动，只是腰部左右移动。

教练笔记 刚开始脖子可能会不由自主地和腰一起移动，但要有意识地控制这一点。有条件的话，可以在练习时听着音乐，跟着节拍移动。

协调性练习

练习 175

"S"形练习

重要度 ★★
难度水平 ★★★
场地 任意

目的 刚才介绍的"く"形练习完成后，可以使上半身扭动幅度更大。通过练习，僵硬的身体关节可以变得更灵活、柔软，但难度系数更大。

放松直立，肩和腰分别向反方向移动。

练习步骤

① 放松直立。
② 肩部向左移动，腰部向右，整体看起来像"S"形。

教练笔记 "く"形练习和"S"形练习最好在教练的口令下有节奏、连续地进行。刚开始可能难以跟上，但最好跟着节奏坚持下去。

重要度 ★★

难度水平 ★★

场地 **任意**

练习 176

双球投篮

目的

通过在篮筐下持两球投篮的练习，可以根据篮球的走向，灵活调整身体动作。在游戏氛围训练可以有效地提高练习效率。

在篮筐下左右手各持一球准备投篮。

单手投篮。

投篮后迅速准备接球，并开始投另一只球。

单手接住落下的篮球后再次投篮。

练习步骤

① 在篮下持两球站立。

② 单手投篮，一手接到球之前，另一只手立即开始投篮，不要出现两球同时在手的情况。连续练习，整个过程持续30秒。

给球员的建议

在游戏氛围里进行练习，效率也会提高。在乒乓球等这样竞技类体育的训练中，也经常会使用这样的练习方式。通过该练习可以提高身体的灵活性。

教练笔记

熟练掌握以后，球员可以使用大小不同的两个球（例如篮球和排球）进行练习。除此之外，也可以让队友连续传大小、重量不同的球，球员需要根据球的大小、重量不断调整自己的动作。

233

协调性练习

重要度	★★
难度水平	★★
场地	任意

练习
177

单脚止步

目的 练习过程中要时刻注意保持平衡，向前或向后三步后单脚停止。通过此练习可以提高身体平衡感。

在任意场所都可以进行的练习。从直立状态下开始。

手臂要大幅度甩动

大腿要尽量抬高

大腿抬高，向前移动三步。

练习步骤

① 放松直立，做好准备。
② 向前迈三步，第三步时单脚停止。
③ 身体一直朝向正前方，向后退三步后，单脚停止。

变式组合

熟练掌握前后移动以后，球员还可以挑战向左右移动。移动时注意双腿不能交叉。另外，在练习时如果有队友帮助喊口号，效果会更好。练习时要注意头要自然抬起，眼睛平视前方。

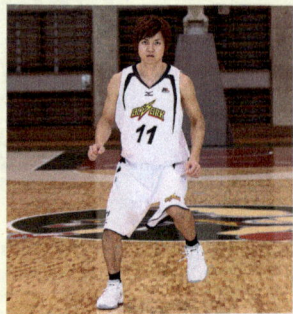

第三步时单脚停止。

手臂要大幅度甩动

大腿要尽量抬高

向后退时身体朝向不变

大腿上抬向后退三步后，单脚止步。

▲向侧面移动时，也可用单脚止步。

教练笔记 此练习并不强调速度，因此不必一味地追求快，而要注意大腿要抬高，手臂甩动幅度要大。同时，要抬头眼睛平视前方。此练习也可以作为全队的热身运动。

234

练习 178 旋转投篮

目的 在篮下起跳转身，然后运用"起跳投篮"（56页）将球投出。此练习的主要目的是为了锻炼身体平衡感。

在篮下持球站立，身体面对篮球方向。

起跳旋转180度，落地时背对篮筐。

和上一次转身方向相反
再次转身180度，面朝篮筐。

落地后迅速起跳，投篮。

练习步骤

① 在篮下持球站立，身体面对篮球方向。

② 双脚起跳旋转180度，落地时背对篮筐；着地后再次转身180度，面朝篮筐。

③ 落地，起跳投篮。

变式组合

熟练掌握以后，可以进行难度系数更高的练习。如"起跳旋转360度（一周）"，着地后迅速反方向旋转360度，随后起跳，投篮。

▲ 向更高难度的练习发起挑战：起跳360度转身。

教练笔记 这个练习和84页介绍的"270度转体投篮"非常像，但是连续转体投篮的"转体投篮"在保持平衡方面难度系数更高一些。因此也更能提高球员的协调性。

协调性练习

练习 179 　起跳运球（同时）

重要度 ★★
难度水平 ★★★
场地 任意

目的 　球员同时"起跳"和"运球"，经过此训练，球员的协调性会得到极大提高。

在自己落地的那个时点，开始起跳、运球。

练习步骤

① 自然、放松地持球站立。
② 双脚起跳运球。在篮球着地时，自己也落地。

教练笔记 　如左图所示，两个动作同时进行。两个动作要兼顾，不要混成一体。

协调性练习

练习 180 　起跳运球（交替）

重要度 ★★
难度水平 ★★★
场地 任意

目的 　基本和上面的"同时起跳投球"相同，只是运球的时间略微不同，球员需要在自己仍在起跳过程中运球。

自己落地和篮球落地两者交互进行，两个动作都要保持连续性。

练习步骤

① 自然、放松地持球站立。
② 起跳时开始运球，球落地时球员仍在空中。

教练笔记 　进行这两个练习时，可以安排一个人发布信号或口令，根据口令来起跳、运球，可以提高球员的节奏感，使其协调性进一步提高。

重要度	★ ★
难度水平	★ ★ ★
场地	任意

练习 181 文字步法

目的 球员在地上跑出的轨迹可以组成文字。这个练习旨在提高球员的"转换能力""识别能力"和"整体连续性"。

如队友说"十"，球员在地上"画"出"十"字

根据队友的指示，球员Ⓐ在地上用步法描绘出该文字。

Ⓐ根据指示写出该文字。

练习步骤

① 选手Ⓐ和做指示的队友Ⓑ准备好，Ⓑ说出Ⓐ将要写出的文字。

② Ⓐ根据指示做相应移动。一个字要跑5~20米的距离。

给球员的建议

这里介绍的是两个人互相练习的情况，也可以教练做指示，全体队员一起进行用步法写文字的练习。除汉字以外，数字、英语字母等都可以作为制定文字。

教练笔记 用步法写文字的具体做法是：例如写"十"这个字时，需要移动"左→右、上→下"四步，写"力"字时，需要移动"左→右→下、上→下"五步。在熟练简单的文字以后，可以尝试挑战更复杂的文字。

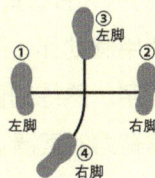

237

尽情享受篮球入筐时的畅快感吧！

比赛中"观察"是关键

球员通过练习，提高技术以后需要解决的问题是：在实际比赛中如何运用出来。

实际上，在比赛中，"观察"能力和技术一样重要。如果被对方看出下一步的动向，被先发制人，那么无论技术多高都无法发挥出来。所以，在比赛中要使对方预测落空，也就是说使用假动作迷惑对方，就显得非常重要。进攻球员需要通过"观察"使用假动作，防守球员当然也可以灵活运用。熟练的假动作在实际比赛中是非常有力的武器。

"认真地观察周围的状况"，然后"冷静地判断"，在此基础上，再决定合适的打法。这就是由在美国全国大学体育协会（NCAA）夺冠最多的有名教练Bob Knight提出的："看、判、打"的原则。

关键词：IQ、EQ、RQ

只有能够将平时训练时学习到的技术发挥出来，才能被称为优秀的球员。因提出"普林斯顿战术"而闻名的普林斯顿大学原教练皮特·卡瑞尔，用心理学词汇来划分优秀球员必须具备的条件：IQ（智商）、EQ（情商）、RQ（责商，责任商数）。这三类指数高的球员就可以被看作是优秀球员了。

IQ高代表"聪明、智慧"，也就是说球员在篮球比赛中必须要有智慧。为MBA底特律活塞队夺冠做出极大贡献的哈维·布朗教练，在这里将IQ称为：

"篮球智商"。

EQ是指"坚韧不拔的精神"。例如，在对自己不利的形势下仍能够尽全力，或者即使在大比分领先的情况下也认真完成比赛等。

最后是RQ，责任感，是指球员能够在自己的位置上认真完成任务。

同"手部运动""下肢运动"相对，IQ、EQ、RQ可以被称为"脑部运动"。这和技术水平、性别无关，所有的球员只要用心，不断摸索都可以有所提高。

尽情享受篮球入筐的畅快感

当篮球顺利入筐时，你们能感受到一种畅快感吗？篮球比赛总会涌现出很多令人感动的场景，然而，我最喜欢的还是投篮成功的那一瞬间。篮球入筐瞬间清脆地发出"嗖"的一声，大概就是篮球这项运动的魅力精华了吧。

现在的篮球比赛一般要求"场上的5名球员都有过硬的技术，互相传球，在任意地方都可以开展进攻"。这表明团队里所有的球员都要有良好的技术水平，同时每个人都要积极争取得分机会。希望大家都可以尽情享受投篮的畅快感。

最后，我要向渡边拓马选手、丰田汽车篮球队队员和相关工作人员，以及铃木小雪小姐表示诚挚的感谢，感谢他们为本书的照片提供做出的贡献。希望大家在享受篮球乐趣的同时，以成为一名一流篮球球员为目标，认真、投入地练习。

日高哲朗

图书在版编目（CIP）数据

图解篮球个人技术：基础训练180项 ／（日）日高哲
朗主编；陈希译. -- 北京：人民邮电出版社，2016.7
ISBN 978-7-115-42044-2

Ⅰ．①图… Ⅱ．①日… ②陈… Ⅲ．①篮球运动—运
动技术—图解 Ⅳ．①G841.19-64

中国版本图书馆CIP数据核字（2016）第060359号

内 容 提 要

　　尽管篮球是一项5人对5人互相争夺得分的团队运动，需要极高的团队整体水平，但高超的个人技术也是团队力量中不可缺少的。因为个人技术的完善最终会提高队伍的整体实力。本书从跳停、滑步等基础动作讲起，到投篮、背打、运球、传球、篮板球、1对1对抗和协调性，全面介绍了篮球运动中的个人技术，并提供了多达180个训练项目，对于教练设定队伍的日常训练计划和球员提高个人技术都有所助益。

◆ 主　　编　[日] 日高哲朗
　　译　　　　陈希
　　责任编辑　李璇
　　责任印制　周昇亮
◆ 人民邮电出版社出版发行　　北京市丰台区成寿寺路11号
　　邮编　100164　　电子邮件　315@ptpress.com.cn
　　网址　http://www.ptpress.com.cn
　　固安县铭成印刷有限公司印刷
◆ 开本：700×1000　1/16
　　印张：15　　　　　　　　2016年7月第1版
　　字数：374千字　　　　　2025年9月河北第45次印刷
　　著作权合同登记号　图字：01-2015-6176号

定价：68.00元
读者服务热线：(010)81055296　印装质量热线：(010)81055316
反盗版热线：(010)81055315

基本动作

投篮

背打

运球

传球

篮板球

一对一

协调性

分类建议：体育

人民邮电出版社网址：www.ptpress.com.cn

ISBN 978-7-115-42044-2

9 787115 420442

定价：68.00 元